KLARTEXT

Bildnachweis:
© 2024 The Andy Warhol Foundation for the Visual Arts, Inc. / Licensed by Artists Rights Society (ARS), New York: S. 116; Adobe Stock: © Aleksandra Smirnova S. 11, © sehbaer_nrw S. 27, © Fiedels S. 49, S. 73 o., © Städtische Museen Wetzlar S. 61, © ArTo S. 73 u., © siraphol S. 109; Rolf Escher: S. 41; Goethe-Museum Düsseldorf/Anton-und-Katharina-Kippenberg-Stiftung/ Signatur NW 1916/1985: S. 99, Grimms GmbH/Grimms Spiel- und Holzdesign: S. 83; Imago Images: blickwinkel S. 4/5, CPA Media S. 19, Imagebroker S. 23 l., H. Tschanz-Hofmann S. 37; Klassik Stiftung Weimar, Museen, Inv.-Nr.: KGr/04911: S. 91; picture alliance: Leemage S. 15, Bildagentur-online/Celeste/Bildagentur-online/Celeste S. 21, Bildagentur-online/Sunny Celeste: S. 31, akg-images S. 6, S. 45, S. 51, S. 53, S. 57, S. 75, S. 81, S. 85, S. 95, S. 101, S. 103, S. 107, akg-images/Erich Lessing: S. 104, dpa|Bifab S. 57, Universität Jena|Universität Jena S. 89, dpa/Friedrich Rohrmann: S. 87, arkivi S. 92, pa S. 96, dpa/Stefan Scheuer S. 110/111, dpa/Uli Deck: S. 116, Everett Collection/Music Box Films/courtesy Everett Collection S. 113, dpa/dpaweb|Arne Dedert S. 115; Ute Schwarz-Heizmann: S. 28, S. 47; Alicia Solórzano y Schmitt: S. 76; Wikipedia: von NoRud – Eigenes Werk, CC BY-SA 4.0, https://commons.wikimedia.org/w/index.php?curid=42874816: S. 9, von Zello – Eigenes Werk, CC BY-SA 3.0, https://commons.wikimedia.org/w/index.php?curid=17106964 : S. 39, von Bauernfreund - Eigenes Werk, Gemeinfrei, https://commons.wikimedia.org/w/index.php?curid=9709870: S. 59; von ANKAWÜ/CC BY-SA (https://creativecommons.org/licenses/by-sa/3.0): S. 65, Von Johann Ernst Heinsius – Weimarer Stadtschloss, Gemeinfrei, https://commons.wikimedia.org/w/index.php?curid=44039168 : S. 71
Alle anderen Abbildungen stammen aus dem Privatarchiv der Autoren.

Bibliografische Information der Deutschen Nationalbibliothek
Die Deutsche Nationalbibliothek verzeichnet diese Publikation in der Deutschen Nationalbibliografie; detaillierte bibliografische Daten sind im Internet über portal.dnb.de abrufbar.

Impressum
1. Auflage Oktober 2024
Layout und Satz: Joachim Bartels
Umschlaggestaltung: Guido Klütsch, Köln
Umschlagabbildungen: Adobe Stock: Adobe Stock/ © Sehbär_nrw (Denkmal), picture alliance/akg images (Ulrike von Levetzow), picture alliance/Zoonar/Natallia Yaumenenka (Pudel), Privatarchiv (Farbkreis)
Autor*innenfotos: Matthias Duschner (Gaßdorf), privat (Heizmann)
Druck und Bindung: Linsen Druckcenter GmbH, Siemensstraße 12–14, 47533 Kleve

ISBN 978-3-8375-2667-7

KLARTEXT

Jakob Funke Medien Beteiligungs GmbH & Co. KG
Jakob-Funke-Platz 1, 45127 Essen
info.klartext@funkemedien.de
www.klartext-verlag.de

natureOffice
natureOffice.com/DE-706-NH6G8TN
Rohstoffe
Anlieferung
Produktion
g CO2e pro 572,44 Druckprodukt
CO2e-Emissionen ausgeglichen

FSC www.fsc.org
MIX
Papier | Fördert gute Waldnutzung
FSC® C108224

Dagmar Gaßdorf & Bertold Heizmann

Goethe

Populäre Irrtümer und andere Wahrheiten

Inhalt

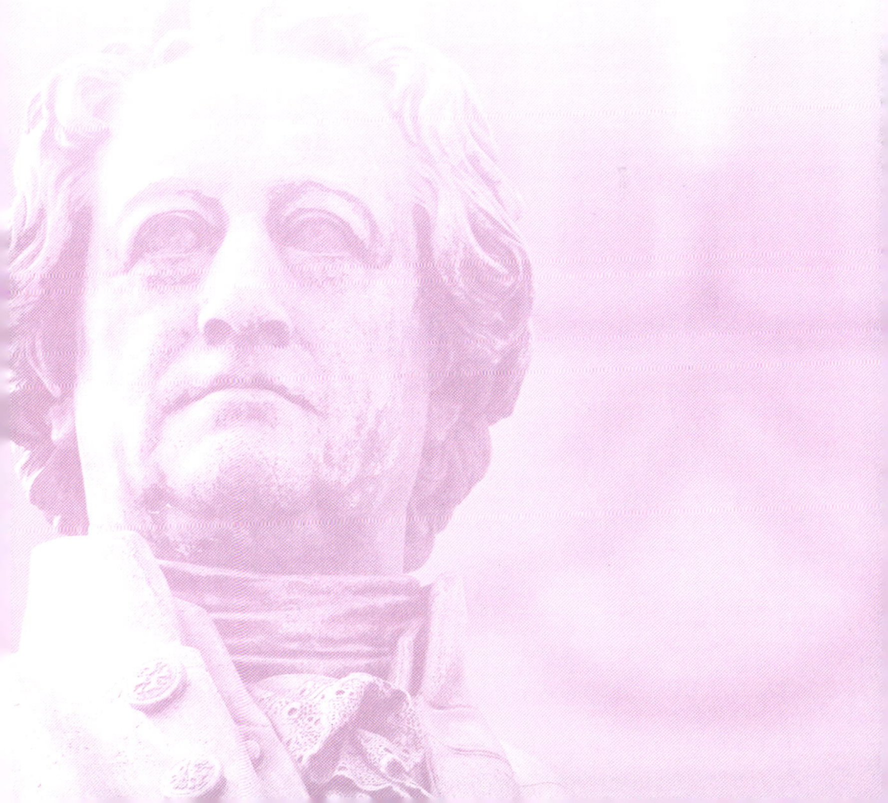

Zum Geleit

Essen, ja, du hast es besser
Als so manche deutsche Stadt!
Nirgendwo verfall'ne Schlösser,
Die man bereits gesehen hat!

Stattdessen – und das ist possierlich –
Gibt's dort Menschen feiner Art,
Die sich, im Ganzen recht manierlich,
Mit mir befassen! – Daraus ward

Dies Büchlein, mir allein gewidmet,
Auch wenn's ein wenig trivial.
Doch um ein wenig zu verstehen,
Von meinem Geist, taugt's allemal.

Und drum wurd' es auch populär:
Vom ersten Druck gibt es nichts mehr.
So dass dies schon der zweite Streich,
Erweitert dabei auch zugleich.

Ich, Goethe, seh' es mit Vergnügen;
hab' Deutschland noch nicht abgeschrieben.

Über allen Wipfeln, im Herbst 2024

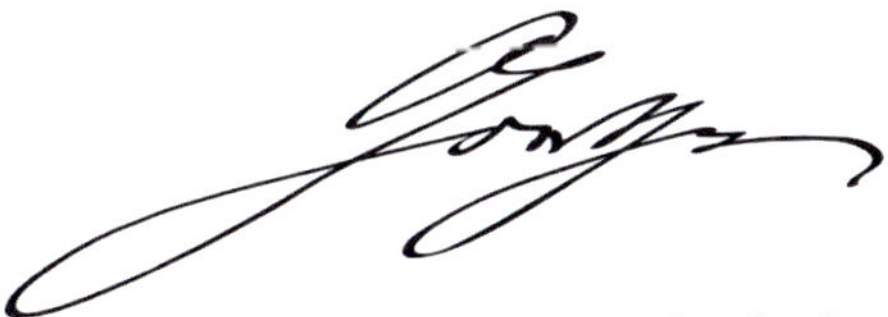

ghostwritten by Dagmar Gaßdorf

Goethe und seine Zeit

Goethe gilt als „Klassiker". Doch das sagt man auch über Schiller und Beethoven, den Film „Casablanca" und das Fußball-Derby Schalke gegen Dortmund. Wo ist denn da die Gemeinsamkeit?

Vor allem wird der Begriff „klassisch" überall dort verwendet, wo etwas vorbildlich ist – wie bei der klassischen Antike, die viele Kulturen geprägt hat. Und so ist die klassische Periode in Spanien die Zeit von Cervantes, in England aber die von Shakespeare. Und in Deutschland eben die Zeit Goethes und Schillers, die sogenannte Weimarer Klassik.

Goethe, Jahrgang 1749, und Schiller, Jahrgang 1759, sind in das Zeitalter der Aufklärung hineingeboren worden. Deren Hauptvertreter wollten das Volk über seine Rechte aufklären. Was auch gelungen ist: siehe Französische Revolution. Schiller bleibt ein Leben lang ein glühender Verfechter des Aufstands gegenüber den Mächtigen; Goethe ist gewaltsamen Umstürzen gegenüber eher skeptisch. In ihrer Jugend sind beide Teil einer Bewegung, die man später „Sturm und Drang" nannte. Zu Klassikern wurden sie, als sie sich die griechische und römische Antike zum Vorbild nahmen. Vor allem die Griechen waren in Vielem die großen Vordenker: in der Politik, Mathematik, Medizin, Biologie, Rechtswissenschaft – und in der Kunst. Kein Wunder, dass an den humanistischen Gymnasien bis heute die klassischen Sprachen Griechisch und Latein gelehrt werden!

In Goethes lange Lebenszeit fallen große Umwälzungen. Zwar wird die Französische Revolution bald durch die Herrschaft Napoleons abgelöst, aber in den ehemaligen Kolonien in Amerika wird die erste Demokratie der Neuzeit gegründet. Die Wissenschaften explodieren geradezu, Magnetismus und Elektrizität werden entdeckt und führen zu einem neuen Selbstbewusstsein des Menschen: die Welt ist erklär- und damit beherrschbar! Und mittendrin Goethe: Als Dichter hält er die humanistischen Werte hoch, als Naturwissenschaftler geht er den Dingen auf den Grund.

Kurz vor 1800 macht sich besonders in Deutschland eine Bewegung breit, die statt des klassischen Ideals die eigene nationale Vergangenheit in Erinnerung ruft: die Romantik. Sie bringt die Rückbesinnung auf Volkslieder und Volksmärchen, die Wiederentdeckung der mittelalterlichen Dichtung, vor allem aber das schwelgerische Lob der Natur. Anfangs steht Goethe der Romantik durchaus positiv gegenüber. Das ändert sich, als die Deutschtümelei in Fremdenhass mündet und Deutschland sich dem übrigen Europa entfremdet. Ohne Weltoffenheit geht es für Goethe nicht. Fremdsprachen zu lernen hält er daher für unabdingbar: „Wer fremde Sprachen nicht kennt, weiß nichts von seiner eigenen“. Und er betont auch die Gleichberechtigung der Religionen. Toleranz mag er seine Haltung nicht nennen; was er fordert, ist Anerkennung. Denn: „Dulden heißt beleidigen.“ Integrationspolitiker, hergehört!

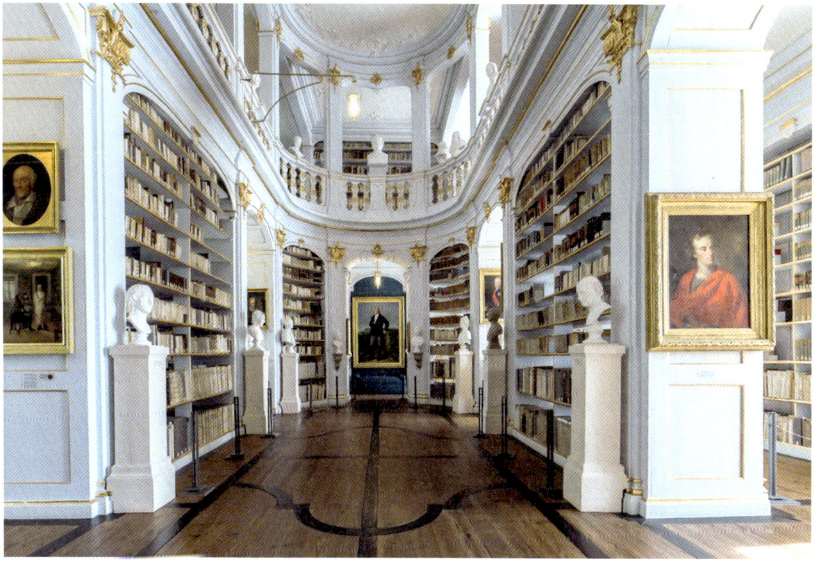

Auch hier war Goethe der Chef: die Herzogin Anna Amalia Bibliothek in Weimar

Zahlen & Fakten

2006 Gedichte hat Goethe geschrieben – darunter auch zahlreiche „Gelegenheitsgedichte“.

5 politische Ämter hatte Goethe in seinem ersten Weimarer Jahrzehnt inne.

2215 Goethestraßen gibt es in Deutschland, ferner **Goetheplätze, Goethealleen** usw. An erster Stelle als Namensgeber liegt zwar Schiller (2281); aber Goethe liegt weit vor Bach (1631), Mozart (1463) und Beethoven (1296).

46 Goetheschulen gibt es in Deutschland, in allen Schulformen. Auch deutsche Schulen im Ausland tragen Goethes Namen, etwa in Bozen und Buenos Aires.

157 Goethe-Institute vermitteln in **98 Ländern** deutsche Kultur und Sprache.

7000 Mitglieder in knapp 50 deutschen Ortsvereinigungen zählt die 1885 in Weimar gegründete **Goethe-Gesellschaft**. Die älteste außerhalb Weimars, ununterbrochen tätig seit 1920, ist in Essen zu Hause. Auch im Ausland gibt es rund 40 Goethe-Gesellschaften mit ca. 2500 Mitgliedern. Sie alle sind Treffpunkte für die Literaturfans der Welt.

1 Goethe-Moschee (voller Name: Ibn-Ruschd-Goethe-Moschee) gibt es auch – in Berlin. Der mittelalterliche Philosoph stand wie Goethe für ein friedliches Nebeneinander von Christentum und Islam.

3 Goethe-Rosen gibt es: Für Goethe war die Rose die „Königin des Blumenreichs“. Kein Wunder, dass gleich drei Sorten seinen Namen tragen, mal mit, mal ohne „von“ und Vornamen. Eine, die Johann Wolfgang von Goethe®, bekam 2011 die Auszeichnung „The Prize of the Children“ in Paris. Rosensorten mit Bezug zu Goethe-Werken gibt es auch, darunter Erlkönig, Faust, Gretchen, Mignon, Stella, Zauberlehrling und – natürlich – das Heideröslein! Ihm hat Goethe ein eigenes Gedicht gewidmet, das 154mal (!) vertont worden ist.

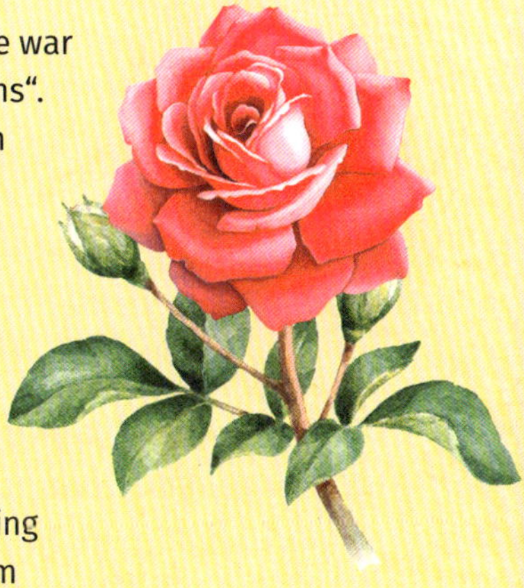

1 Kristall wurde dem Dichter zu Ehren „Goethit“ genannt, denn auf seinen Wanderungen durch Thüringen war Goethe gern mit einem Hämmerchen unterwegs und hielt Ausschau nach Stücken für seine große Mineraliensammlung.

2 Asteroiden glänzen mit dem Namen des Dichters: Die Nummer 3047 heißt „Goethe“, die Nummer 1728 „Goethe Link“. Beide sind mit 30 bzw. 15 km Durchmesser ordentliche Brocken.

Aus dem Hirschgraben

Vom Vater hab' ich die Statur,
des Lebens ernstes Führen,
Vom Mütterchen die Frohnatur
und Lust zu fabulieren.

Die munteren Verse, die Goethe an den Beginn seiner Autobiografie „Dichtung und Wahrheit" setzt, verraten viel über ihn und seine Eltern. Die – wohl beeindruckende – „Statur" des Vaters Johann Caspar Goethe und sein „ernstes Führen" lassen das Bild des strengen „Wirklichen Kaiserlichen Rats" der freien Reichsstadt Frankfurt am Main vor uns entstehen; dem liebenswerten „Mütterchen" aber verdankt der berühmte Sohn seine „Frohnatur" und – was für ein Kompliment! – sein dichterisches Talent.

Tatsächlich ist der ehrgeizige Vater recht streng mit seinem Spross. Er muss aber auch musische Seiten gehabt haben. 1740 hatte er, wie später der Sohn, eine Reise nach Italien unternommen – und diese in einem Tagebuch (auf Italienisch!) dokumentiert; seine Bibliothek war mit rund 2000 Bänden so groß, dass er dafür das Stammhaus der Familie am Großen Hirschgraben umbauen ließ; und auch er sammelte, wie später sein Sohn, Abgüsse antiker Statuen.

Frau Aja, wie Freunde die „Frau Rat Goethe" liebevoll nannten, war eine warmherzige Mutter: Sie behandelte den begabten Sohn, ihren „Hätschelhans", nachsichtig und mit Humor. Zur Welt gebracht – am 28. August 1749 – hatte die geborene Textor ihn als erstes Kind im Alter von 18; sie war 21 Jahre jünger als ihr Mann. Von den danach geborenen fünf Kindern hat nur Schwester Cornelia das Erwachsenenalter erreicht – traurig, aber für die Zeit nicht ungewöhnlich. Goethe selbst wird noch eine Generation später erleiden, dass von seinen Kindern nur eines überlebt.

Nachsichtig musste Catharina Elisabeth Goethe allerdings auch sein, denn der Hätschelhans zeigt nicht nur auf allen Feldern

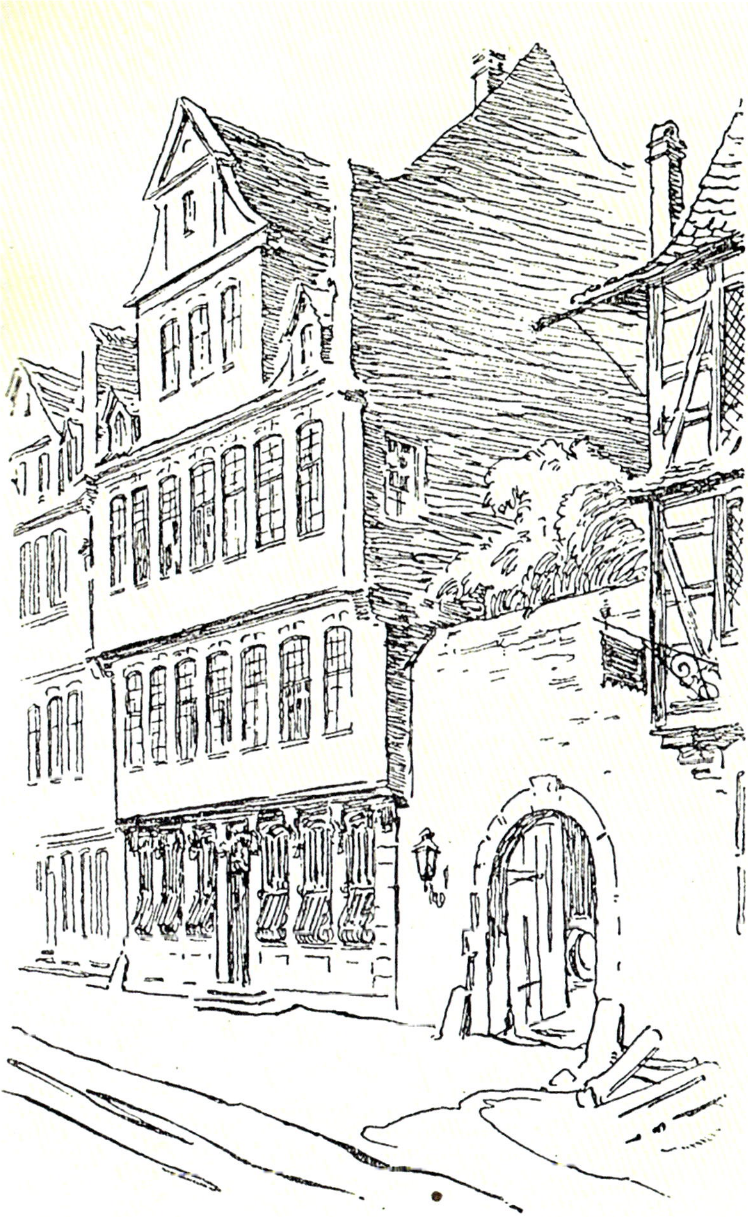

des häuslichen Unterrichts eine außerordentliche Begabung; er hat auch allerlei Flausen im Kopf. Einmal, so berichtet er selbst, wirft er ein ganzes Porzellanservice Stück für Stück aus dem Fenster auf die Straße, weil das so schön knallt.

Der Vater will Johann Wolfgang zum Juristen ausbilden lassen, und der fügt sich dem Wunsch – zunächst. Kein Wunder: Der Vater Jurist, die Mutter Spross einer Juristenfamilie. Aber des Jünglings Neigungen gehen schon früh in eine andere Richtung: zu den Künsten. Er begeistert sich für Dichtung, schreibt auch sehr bald zahlreiche Verse. Ein in Frankfurt aufgeführtes Puppenspiel vom „Doktor Faust" wird ihm Anstoß für seine fast lebenslange Beschäftigung mit dem Stoff.

Vertraute seines Herzens ist die nur 15 Monate jüngere Schwester Cornelia; die beiden hängen mit inniger Zuneigung aneinander. Beide haben, ungewöhnlich für eine Zeit, in der Mädchen für ihre spätere Hausfrauenrolle geschult werden, gemeinsamen Unterricht bei Hauslehrern. Sie lernen Latein und Griechisch, später auch Französisch, Englisch, Italienisch, Mathematik und Schönschreiben. Musik- und Zeichenunterricht gehören ebenso zum Kanon wie Fechten, Reiten und Tanz. Nur studieren darf Cornelia als Mädchen nicht.

Goethe bewundert seine Schwester: „Ich bin hingerissen von Deinem Brief, Deinen Schriften, Deiner Art zu denken", schreibt er ihr 1767 aus dem Studium in Leipzig, und: „Ich gestehe Dir's, meine ganze Kunst wäre nicht imstande, eine Szene zu schreiben, wie sie Dir die Natur eingegeben hat."

Als Cornelia 1773 den elf Jahre älteren Juristen Johann Georg Schlosser heiratet, ist Goethe tief enttäuscht: Ausgerechnet ein Schwager, der ihm oft wegen seines Fleißes und seiner Genauigkeit als Vorbild empfohlen wurde, für ihn aber all das verkörperte, was er selbst niemals werden wollte: pedantisch und rechthaberisch. Cornelia verkümmert in der Ehe, ist oft krank und stirbt bereits 1777. Goethe ist unendlich traurig. Zu ihren beiden Kindern unterhält er, obwohl Kindern sehr zugetan, keine Beziehung.

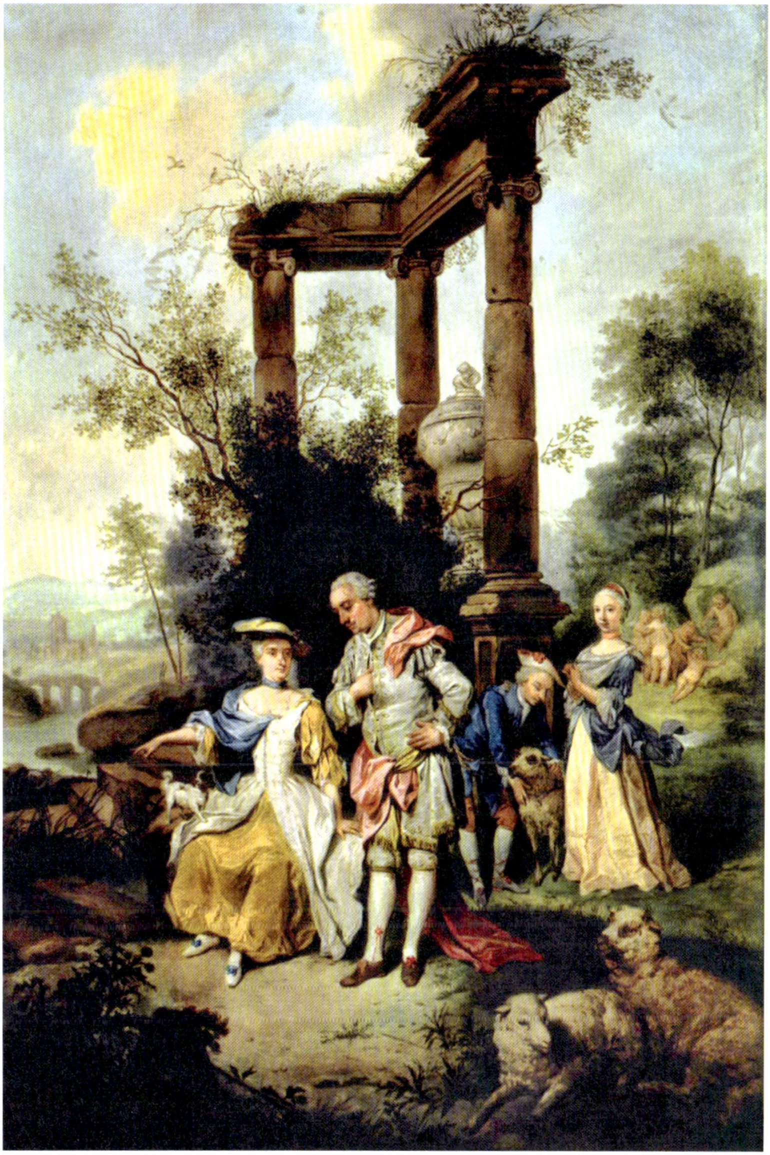

Da ist Goethe ein Junge von 12 oder 13 Jahren: Familie Goethe, um 1762, Gemälde von Johann Conrad Seekatz

Herr Dr. Goethe?

Goethe ließ sich am liebsten mit „Exzellenz“ ansprechen, aber „Herr Doktor Goethe“ störte ihn auch nicht. Hatte er tatsächlich einen Doktortitel erworben?

Werfen wir einen Blick auf sein Studium, zunächst nach Leipzig. Dort sind ihm Auerbachs Keller und Käthchen Schönkopf lieber als die juristische Fakultät. Die von beiden Elternhäusern als völlig unpassend abgelehnte erste große Liebe zur hübschen Wirtstochter bringt den jungen Goethe fast um. Auch sein Jurastudium in Straßburg betreibt er lustlos und oberflächlich und schließt mit dem Grad eines „Licentiatus iuris“ ab. Promovieren will er nicht auch noch. Wieder in Frankfurt, eröffnet er auf Drängen seines Vaters eine Anwaltskanzlei, hat aber nach ein paar unbedeutenden Prozessen keine Lust mehr.

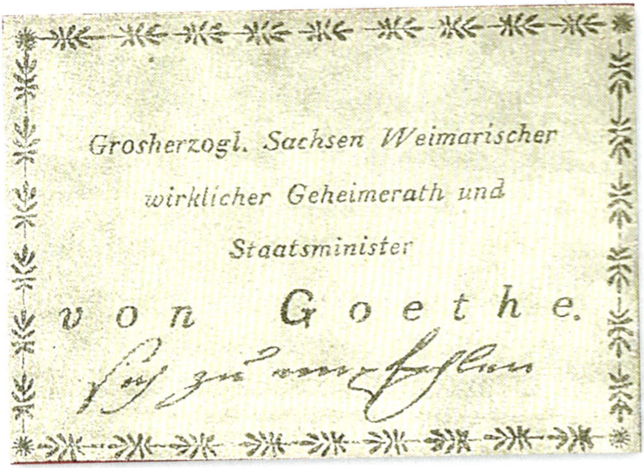

Verwittert, aber noch lesbar: Goethes Weimarer Visitenkarte

Zumindest indirekt hat der Beruf aber entscheidenden Einfluss auf sein Leben: durch ein Praktikum am Reichskammergericht Wetzlar, wo er Charlotte Buff kennenlernt. Goethe ist schwer verliebt, schreibt wie von Sinnen und fühlt sich als dichterisches Genie. Die Juristerei wird nun ganz zur Nebensache. Und dann wird sein erstes Drama, der „Götz von Berlichingen", auch noch ein Erfolg! Jetzt will er den Anwaltsberuf komplett an den Nagel hängen. Als er zwei Jahre später mit seinem Roman „Die Leiden des jungen Werther" einen wahren Sensationserfolg landet, ist sogar der strenge Vater vom Talent seines Sohnes überzeugt.

Und welchem Beruf ging er dann in Weimar nach, nachdem der dortige Herzog den Werther-Autor ins kleine Fürstentum gelockt hatte? Nun, die ihm von Carl August übertragenen Aufgaben sind gewaltig: Als „Geheimer Legationsrat", später „Geheimer Rat" und damit Regierungsmitglied, leitet er die Bergwerks-, die Wege- und Wasserbau- und sogar die Kriegskommission; selbst das Amt des Finanzministers überträgt der Herzog ihm. Die amtierenden Regierungsmitglieder beobachten den noch nicht einmal adligen Neuling mit Misstrauen und teilweise offen gezeigter Ablehnung. Besser wird das erst, als der 33-Jährige 1782 in den Adelsstand erhoben wird: Nun ist er Johann Wolfgang von Goethe!

Auf den Doktortitel muss Goethe aber noch mehr als vier Jahrzehnte warten: 1825 ernennt die Universität Jena den 76-Jährigen zum Dr. h. c. (honoris causa = ehrenhalber).

Ein schöner Mann?

Irgendwann hat es ihm gereicht: „Ich habe so oft Künstlern gesessen", klagt Goethe, „man hat mich damit gemartert und geplagt, und von den vielen Abbildungen sind die allerwenigsten mir zu Danke."

Immerhin: Von den über 150 Bildnissen, die es von ihm gibt, hat er einige durchaus als gelungen bezeichnet. Aber zeigen sie ihn, wie er wirklich ausgesehen hat? Da schaut man neben all den Zeichnungen, Schattenrissen, Medaillen, Ölgemälden und Büsten doch lieber in die unzähligen Beschreibungen von Zeitgenossen. Doch die widersprechen sich!

Natürlich hat sich Goethes Aussehen im Laufe seines Lebens verändert. Aber hätte nicht einiges doch von allen gleich wahrgenommen werden sollen – die Farbe seiner Augen etwa? Selbst da ergeben die Berichte kein einheitliches Bild: Mal ist von schwarzen, mal von hellbraunen Augen die Rede. Übereinstimmung gibt es nur in einem Punkt: Immer schaute er sein Gegenüber durchdringend und forschend an. Man war beeindruckt von diesem Blick oder gar verunsichert! Ein Zeitgenosse schreibt: „Die Augen treten licht und klar hervor. Ruhig und doch voll Feuer. So gebieterisch und doch so milde." Der neidische Dichter Iffland meinte dagegen: „Goethe hat einen Adlerblick, der nicht zu ertragen ist."

Und die Statur? Goethes Körpergröße von 1,64 m war für die damalige Zeit durchaus stattlich. Dass Schiller ihn um mindestens 14 cm überragte, war schon außergewöhnlich. Eher stattlich war zumindest ab der Lebensmitte auch des Geheimrats Körperumfang: Christiane kochte eben sehr gut! „Auch frisset er entsetzlich!", stellte ein Gast bei einem Besuch im Haus am Frauenplan fest. Ganz anders der junge Goethe: Schlank, fast hager betätigte er sich körperlich: Er ritt viel aus, im Winter lief er Schlittschuh, und von seinem Gartenhaus aus sprang er, jedenfalls im

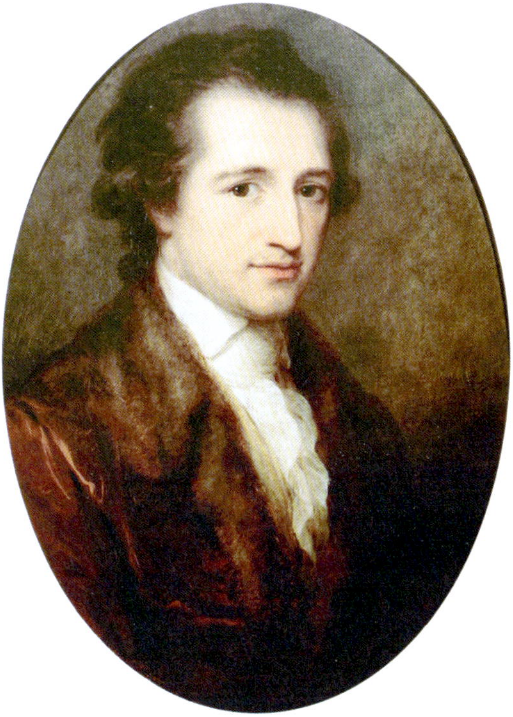

So sah die damals berühmte Malerin Angelika Kauffmann
den 38-jährigen Goethe 1887 bei seinem Besuch in Rom.

ersten Weimarer Jahrzehnt, bei jedem Wetter frühmorgens in die Ilm, um ein paar Runden zu schwimmen.

War er ein schöner Mann? Viele Zeitgenossen bejahen das, auch wenn seine Gesichtszüge nicht regelmäßig waren: das rechte Auge lag tiefer als das linke. Die Nase war einiges zu lang, und die Blatternarben aus einer frühkindlichen Pockenerkrankung waren deutlich zu sehen.

Im reiferen Alter beeindruckte Goethe nicht nur Napoleon durch sein majestätisches Auftreten; viele nannten ihn respektvoll den „Jupiter von Weimar“. Und sonst: So schön wie er malen konnte, hatte er bestimmt keine zwei linken Hände, und die zwei linken Füße, die das berühmte Gemälde Tischbeins zu vermitteln scheint, hatte er sicher nicht!

Brausejahre

Hier der derbe Götz (von Berlichingen), dort der schmachtende Werther – für die meisten steht der Name Goethe aber wohl eher für einen kopfgesteuerten Menschen. Aber er konnte auch anders …

Herzog Carl August ist 18 Jahre alt, als ihm seine Mutter Anna Amalia die Lenkung des kleinen Fürstentums Weimar übergibt. Sie hatte einiges unternommen, um aus Weimar einen „Musensitz“ zu machen. So hatte sie den berühmten Dichter Christoph Martin Wieland als Prinzenerzieher an den Hof geholt, und der scheint seine Wirkung auf Carl August nicht verfehlt zu haben. Denn der Sohn hat nichts Eiligeres zu tun, als den durch seinen „Werther“ berühmt gewordenen Johann Wolfgang Goethe mit einem großzügigen Angebot für Weimar zu gewinnen. Carl August hatte den Shooting Star der deutschen Literaturszene in Frankfurt kennengelernt und war von ihm begeistert. Nach einigem Zögern stimmt Goethe zu und trifft am 7. November 1775 in Weimar ein.

Die ihm übertragenen Verwaltungsaufgaben erledigt er durchaus mit Ehrgeiz und Geschick. Als Prinzenerzieher taugt er aber nicht; sein Verhältnis zu dem sieben Jahre jüngeren Herzog ist eher freundschaftlich.

Man weiß nicht, wer wen zu welchen Streichen verführt hat, der draufgängerische Herzog den lebensfrohen Dichter oder umgekehrt. Jedenfalls fallen sie zusammen in Wirtshäuser ein, stellen den Mädchen nach und prügeln sich sogar mit Dorfbewohnern.

Einer Bauersfrau stecken sie eine tote Katze ins Butterfass. Eine Weimarer Hofdame findet, im Dunkeln heimkehrend, ihren Wohnungseingang zugemauert, und dem Geheimen Sekretär am Fürstenhofe reißen die beiden die Tapete von der Wand.

„In Weimar geht es erschrecklich zu“, schreibt ein Zeitgenosse, „der Herzog läuft mit Goethen wie ein wilder Pursche in den

Dörfern rum ..." Und wie sie reden! „Scheißig" ist eines ihrer Lieblingswörter.

So hat sich die Herzoginmutter den Einfluss des berühmten Dichters auf ihren Sohn nicht vorgestellt. Ihre Hofdame, die Frau von Stein, ist gleichfalls entsetzt – aber auch fasziniert von dem ungestümen Genie ...

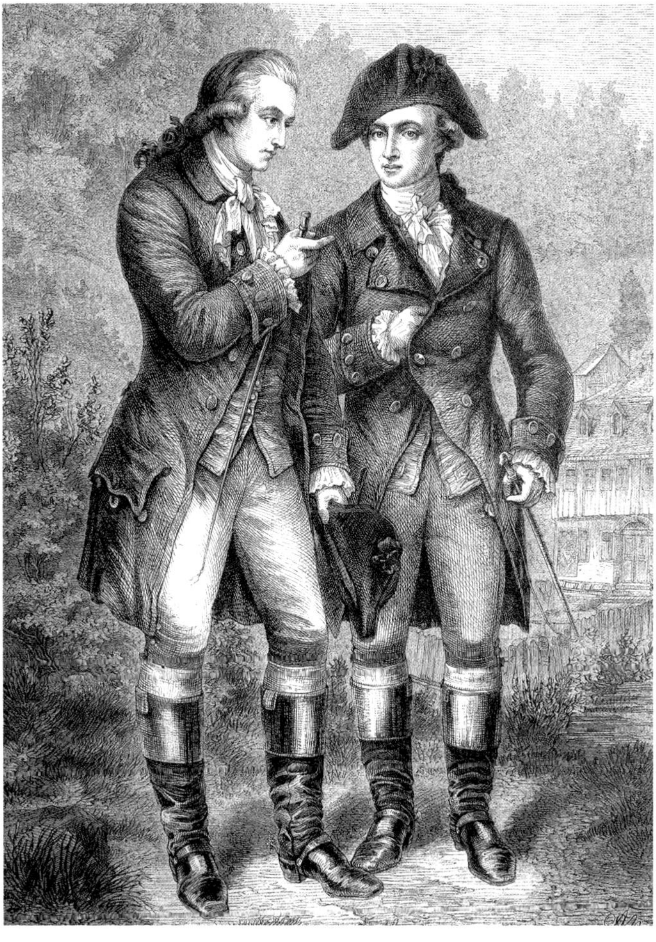

Carl August von Sachsen-Weimar-Eisenach und Johann Wolfgang von Goethe

Goethe schrieb Bestseller?

Wer angesichts der Fülle von Goethe-Ausgaben meint, Goethe habe den Buchmarkt seiner Zeit dominiert, irrt gewaltig. Der einzige Bestseller, den Goethe je verfasste, ist der Roman „Die Leiden des jungen Werther“.

Bei seiner Ankunft in Weimar lag dieser Erfolg schon ein paar Jahre zurück. Es gab ja auch noch kein Copyright und folglich viele Raubdrucke, von denen ein Autor nichts hatte. Doch Goethe gab nicht auf, und er war ein guter Verhandler: Immer wieder kauften Verleger ihm seine Buchprojekte ab. Außer dem Versepos „Hermann und Dorothea“ blieb dann aber eigentlich alles bei den Verlagen liegen.

Was die Erlöse aus der Schriftstellerei betraf, ging es Schiller nicht besser. Seine Theaterstücke wurden zwar häufiger gespielt als die Goethes; doch auch Schiller hatte mit Raubdrucken zu kämpfen und anders als Goethe bezog er kein fürstliches Gehalt.

Es gab aber auch Autoren, die richtig Kasse machten, so etwa August von Kotzebue, der erste deutschsprachige Schriftsteller, der mit seiner Schreiberei reich wurde. Seine Theaterstücke wurden auf der ganzen Welt, sogar in New York, aufgeführt und fanden das Wohlwollen gekrönter Häupter. Es wurmte Goethe als Weimarer Theaterdirektor nicht wenig, dass er sich wegen des Publikumsgeschmacks genötigt sah, Kotzebue selbst dort zum meistgespielten Autor zu machen.

Erfolgreich und sogar berühmt war auch ein anderer Weimarer Schriftsteller: Christian August Vulpius, der Bruder von Goethes Christiane. Wie sehr, das beleuchtet der folgende Sketch: Fragt ein Passant einen Weimarer Bürger, wer denn wohl der gesetzte Herr gegenüber sei. Die Antwort: Goethe. Dem Fragesteller hilft das nicht weiter. Erst mit der Auskunft „der Schwager des Vulpius“ ist er zufrieden. Der Sketch (von Egon Friedell) übertreibt natürlich. Tatsache aber ist: Damals kennt jeder Vulpius und seinen Megaerfolg, den Räuberroman „Rinaldo Rinaldini". Sieben Auflagen erlebt das Buch schon zu Lebzeiten des Autors und wird in 30 Sprachen übersetzt. Goethe hat es ignoriert – es war unter seinem Niveau!

Goethe habe Unrecht, befand ein halbes Jahrhundert später ein anderer, ebenfalls von der hohen Literatur verachteter Autor: Karl May. Der Winnetou-Erfinder, dessen Werke weltweit geschätzte 200 Millionen Auflage erreichen sollten, meinte, Goethe könne noch so viel „über die Herrlichkeit und Unumstößlichkeit der göttlichen und menschlichen Gesetze dichten und schreiben"; aber dessen Schwager Vulpius habe den „Rinaldo Rinaldini" geschrieben! In den 1970er Jahren wurden die „Winnetou"-Filme dann übrigens im gleichen Stil gedreht wie der Räuberhauptmann „Rinaldo Rinaldini", der als Vorabendserie in der ARD lief …

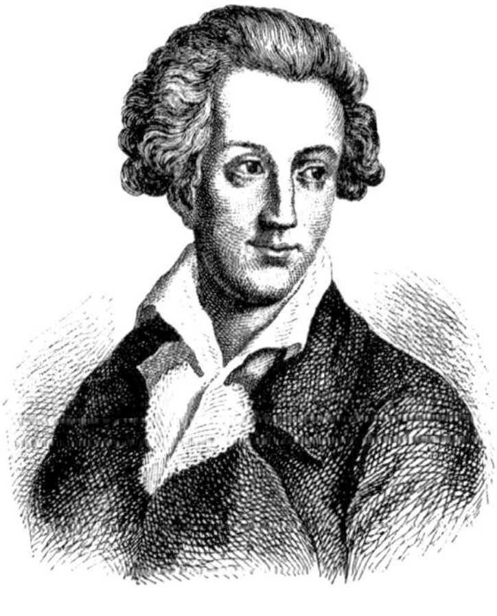

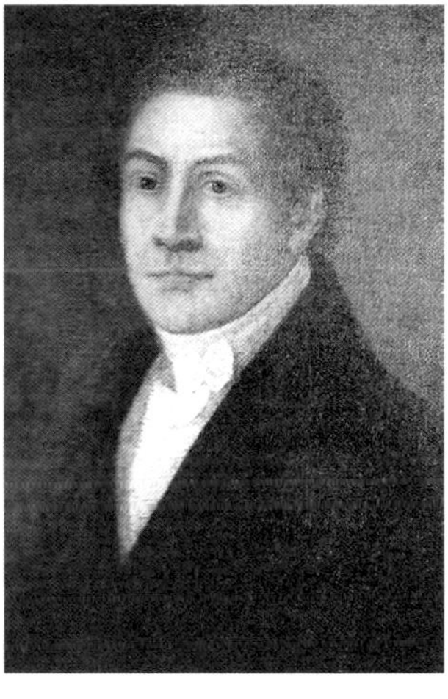

Beide von Goethe wenig geschätzt, aber beide seinerzeit extrem erfolgreich: August von Kotzebue (links), dessen beliebte Stücke Theaterdirektor Goethe sich aufzuführen gezwungen sah, und Goethes Schwager, der Räuberroman-Autor Vulpius

Frau von Stein – hat er?

Frau von Stein und die innige Freundschaft zwischen ihr und Goethe in dessen erstem Weimarer Jahrzehnt – das ist Stoff für unzählige Diskussionen und Geschichten. Hat er nun oder hat er nicht?

Man hätte halt gern gewusst, wie innig das Verhältnis tatsächlich war. Fest steht: Charlotte von Stein, eine Hofdame der Herzogin von Weimar, ist wenig glücklich in ihrer Ehe mit Stallmeister Josias von Stein. Sie ist hochmusikalisch und auch in allen anderen Künsten bewandert. Und so sieht Charlotte mit großer Spannung der Ankunft des berühmten jungen Dichters Goethe entgegen. Doch fürs Erste ist sie enttäuscht: Goethe ist ihr zu ungestüm, zu direkt; seine wilden Abenteuer mit dem jungen Herzog stoßen sie ab. Von seinem Talent fasziniert ist sie aber schon und beschließt deshalb, ihn für den Hof zu formen, sprich: ihm Manieren beizubringen. Das gelingt ihr auch nach und nach.

Allerdings muss sie die heftige Zuneigung, die Goethe zu ihr fasst, oft zurückweisen. So lehnt sie es zunächst ab, geduzt zu werden. Die Beziehung wird dennoch äußerst intensiv: Sie sehen sich fast täglich, zwischen ihnen gehen über 1500 Briefe und kurze Billetts hin und her. Goethe widmet ihr zahlreiche Gedichte. Manch einer wundert sich, dass der Frauenschwarm Goethe nicht einer Jüngeren den Hof macht, aber der oft unruhige und getriebene junge Mann weiß, was er an der Frau von Stein hat:

Ach, du warst in abgelebten Zeiten
Meine Schwester oder meine Frau,
Kanntest jeden Zug in meinem Wesen,
Konntest mich mit einem Blicke lesen;
Tropftest Mäßigung dem heißen Blute,
Richtetest den wilden, irren Lauf,
Und in deinen Engelsarmen ruhte
Die zerstörte Brust sich wieder auf.

Wie weit das Ruhen in den „Engelsarmen" gegangen ist, bleibt ein Geheimnis, denn die Angebetete hat ihre eigenen Briefe später von Goethe zurückverlangt und verbrannt. Bis zu seiner überstürzten Abreise nach Italien bleibt die Freundschaft bestehen. Auch des jüngsten Sohnes seiner Charlotte, Fritz, hat Goethe sich angenommen und ihn oft als seinen Sohn bezeichnet.

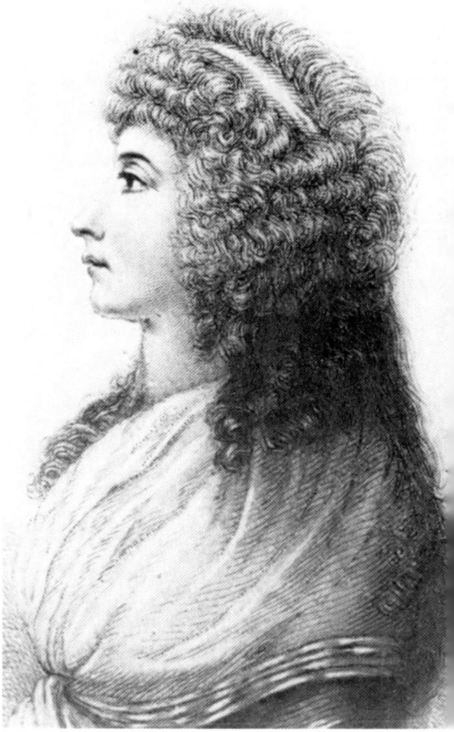

Die „Flucht" nach Italien, von der Charlotte nichts gewusst hat, muss sie tief getroffen haben. Das Verhältnis lässt sich auch nach Goethes Rückkehr nicht kitten, schon gar nicht, als Goethe sich mit der in Charlottes Augen nicht standesgemäßen Liaison zu Christiane Vulpius unmöglich macht. Charlotte ist beleidigt – und eifersüchtig!

Seit einigen Jahren gesellt sich zu der Frage „Hat er oder hat er nicht?" eine Spekulation, die ein Weimarer Rechtsanwalt losgetreten hat: Die Briefe Goethes an Frau von Stein hätten demnach gar nicht ihr gegolten, sondern in Wahrheit der Herzogin Anna Amalia, der Mutter seines Freundes Carl August! Charlotte sei nur die Übermittlerin gewesen. Gegen diese Verschwörungstheorie spricht aber die simple Erkenntnis, dass im Klatschnest Weimar nichts, aber auch gar nichts, unentdeckt geblieben wäre!

Brüder im Geiste

Goethe oder Schiller – wer war größer? Wörtlich genommen ist die Antwort klar: Schiller! Und zwar mindestens 14 Zentimeter.

Ja, lügt denn das berühmte Denkmal vor dem Weimarer Theater? Nicht unbedingt; sagen wir, der Bildhauer hat Goethes tatsächliche Größe der gefühlten angepasst. Aber der Ausdruck der engen Freundschaft zwischen den Männern, der stimmt – jedenfalls für die späteren Jahre.

Goethe und Schiller trennt zunächst das Alter: Goethe ist Jahrgang 1749, Schiller Jahrgang 1759. Goethe stammt aus einem Patrizierhaus, Schiller aus eher kleinen Verhältnissen. Als Schiller durch „Die Räuber“ und „Kabale und Liebe“ bekannt wird, ist Goethe längst eine Institution. Schiller bewundert Goethe; doch der lässt ihn abblitzen.

Als Goethe aus Italien zurückkehrt, wohnt Schiller in Weimar. Diese Nähe passt Goethe nicht. Er verschafft dem inzwischen berühmten Nachbarn eine Professur in Jena und ist ihn damit erst einmal los. Goethe gibt offen zu, die Dramen, mit denen Schiller auf den Bühnen Triumphe feierte, seien ihm anfangs geradezu „verhasst“ gewesen, und bezeichnet Schiller als ein zwar „kraftvolles, aber unreifes Talent“.

Erst eine persönliche Begegnung 1794 auf einer Veranstaltung an der Universität Jena bringt die Wende. Die beiden kommen auf dem Nachhauseweg in ein lebhaftes Fachgespräch, von dem Goethe noch im hohen Alter als von einem „glücklichen Ereignis“ sprach. Es folgt ein Jahrzehnt, in dem die beiden, im persönlichen wie im geistigen Austausch, geradezu brüderlich verbunden sind. Die „Dioskuren“ werden sie genannt, „Söhne des Zeus“.

Nach Schillers Tod 1805 fühlt sich Goethe geistig vereinsamt. Seine späten Bemerkungen lassen erahnen, wie sehr er Schiller vermisst – und wie sehr er seine frühere Ablehnung bereut: „Denn so verschieden unsere beiderseitigen Naturen auch waren, so gingen doch unsere Richtungen auf eins.“

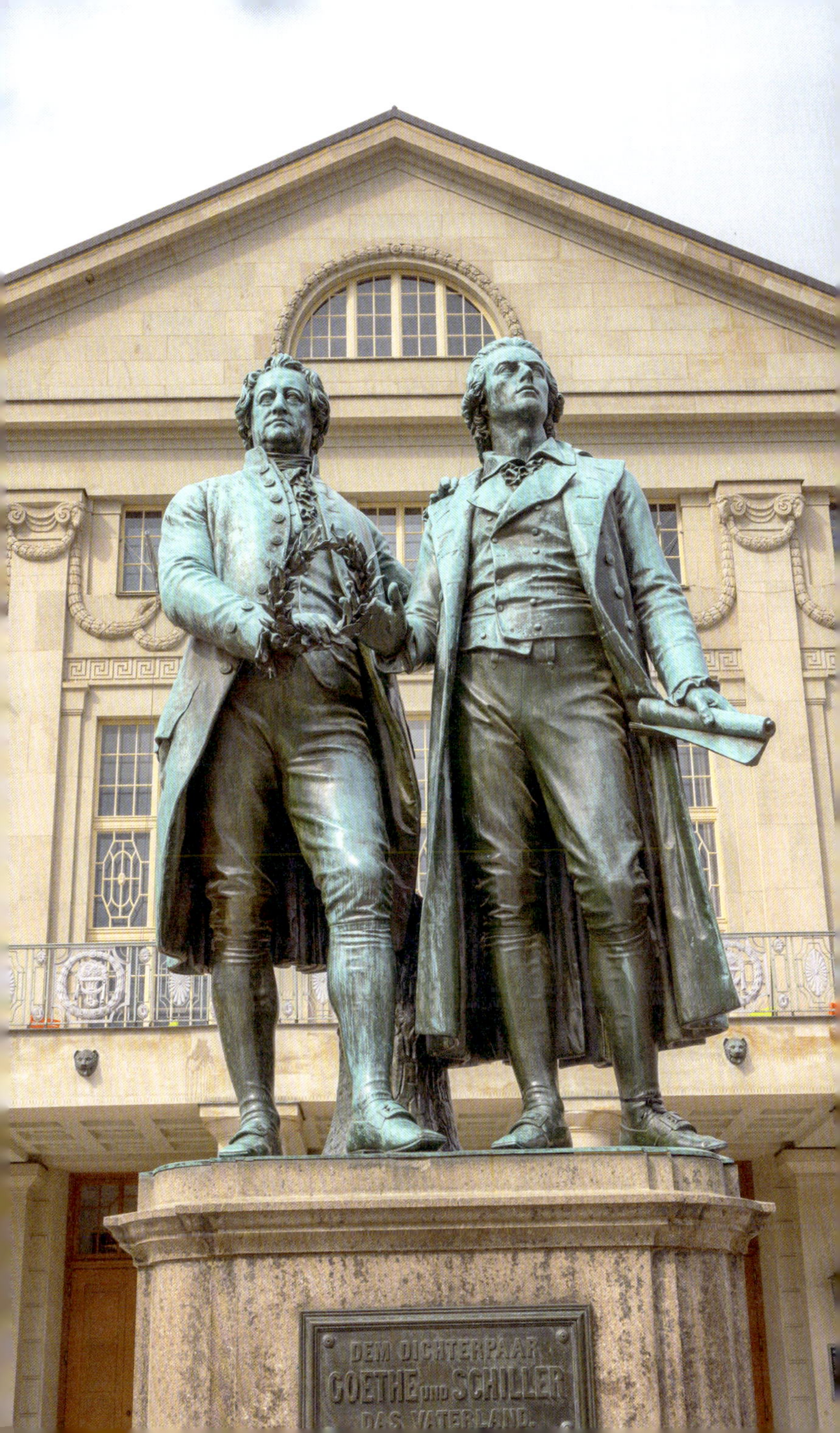
DEM DICHTERPAAR
GOETHE UND SCHILLER
DAS VATERLAND.

Neische, du Schmerzensreische!

Man hätte gern gelauscht, wenn Goethe und Schiller sich unterhielten: Hier der Hesse mit weichem s wie in Sause, dort der „Schwob". Und als dann auch noch der ebenfalls schwäbelnde Hölderlin eines Tages zu Besuch kam …

Ja, Goethe sprach Dialekt. Nur so lässt sich erklären, warum der Meister der Verskunst einen unreinen Reim produziert. „Ach, neige / Du Schmerzensreiche" lässt er Gretchen im „Faust" die Muttergottes ansingen. Klar, auf Hessisch funktioniert das: „Neische, du Schmerzensreische!"

Als Schauspieldirektor achtete Goethe aber strikt darauf, dass auf der Bühne „reines Deutsch" gesprochen wurde. Nicht Hochdeutsch; den Begriff verwendete man damals nur im geografischen Sinne: Im Süden Deutschlands wurde Hochdeutsch gesprochen, im Norden Niederdeutsch alias Plattdeutsch. In seinen Weimarer „Regeln für Schauspieler" hält Goethe gleich am Anfang fest, es sei das „Erste und Notwendigste für den sich bildenden Schauspieler", sich „von allen Fehlern des Dialekts zu befreien". Diese Regeln mit ihren 91 (!) Paragrafen schrieb Goethe erst 1824 auf, nach Jahrzehnten als Hoftheaterchef; offensichtlich war es gar nicht leicht, sie durchzusetzen. Gut, dass Goethe die heutigen „Tatorte" im Fernsehen nicht mehr erlebt! Er würde sich vermutlich die Kugel geben …

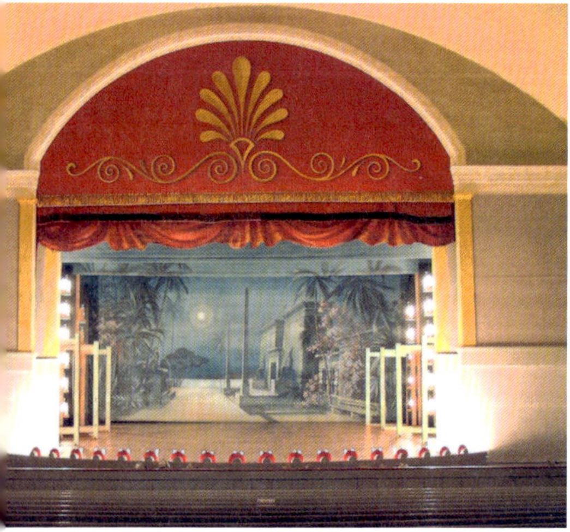

Blick auf die Bühne des Goethe-Theaters in Bad Lauchstädt

Männerfreundschaften

Kommt ein Mann in Goethes Wohnhaus am Frauenplan und begrüßt ihn mit den Worten: „Na, du altes Kamel!" Und Goethe lacht dazu!

Einen solchen Ton kann sich nur einer erlauben: Carl August, Herzog des Fürstentums. Sein Gönner ist der einzige, dem Goethe in einer Art Männerfreundschaft verbunden ist. Gegenseitiger Respekt schließt hier Frotzeleien nicht aus. Auch Kritik nimmt jeder vom anderen an. Nur ein einziges Mal ist die Freundschaft gefährdet – durch die Affäre Carl Augusts mit der Schauspielerin Caroline Jagemann.

So vertraut wie mit Carl August ist Goethe weder mit seinem Dichterkollegen Wieland noch mit seinem Jugendfreund Herder. Und Schiller? Der versucht lange, Goethes Zuneigung zu erlangen; aber auch nach einem Jahrzehnt intensiver Zusammenarbeit bleibt Goethe der distanziert Überlegene. Einen aber nennt Goethe sogar seinen „Urfreund": Carl Ludwig von Knebel. Der hatte Goethe dem Prinzen bekanntgemacht und war so maßgeblich beteiligt an Goethes Umzug nach Weimar. Auch mit Knebel gibt es immer wieder Streit, doch die Freundschaft hält.

Mit dem Duzen tut sich Goethe schwer. Je höher er steigt, desto weniger neigt er zu solchen Vertraulichkeiten. Selbst den Bruder seiner Christiane, den Schriftsteller Christian August Vulpius, mag er zeitlebens nicht duzen. Dass er dann ausgerechnet einem Berliner Musiker das Du anbietet, verwundert schon sehr. Dieser Carl Friedrich Zelter aber beeindruckt ihn mit seinen eingängigen Gedicht-Vertonungen enorm. Musikfreunde rümpfen darüber bis heute die Nase: Sie halten Schuberts oder Schumanns Goethe-Lieder für wesentlich kunstvoller. Eine der Zelter-Melodien kennt übrigens jedes Kind: Komponiert auf das Goethe-Lied „Es ist ein Schuss gefallen" sollte sie mit einem anderen Text berühmt werden: „Der Kuckuck und der Esel".

Eine neue Liebe ist wie ein neues Leben

Käthchen, Friederike, Charlotte, Lili, noch mal Charlotte, Christiane, Marianne, Ulrike – und damit ist die Liste nicht zu Ende. Ja, Goethe hat viele Frauen geliebt. Aber war er ein Frauenheld?

So gern und so oft er von seiner heftigen Zuneigung zu den vielen Mädchen und Frauen in seinem Leben berichtet – über eins kann man nur spekulieren: Ob er vor Christiane Vulpius, die er im Alter von 38 Jahren als Geliebte in sein Haus aufnahm, jemals Sex hatte. Eins steht fest: Goethe ist bindungsscheu; wenn's ernst wird, macht er sich davon. Leidenschaftlich verliebt ist er oft – und wird zurückgeliebt. Und dann gelingen ihm die stürmischsten, die grandiosesten Liebesgedichte:

> **O Mädchen, Mädchen,**
> **Wie lieb' ich dich!**
> **Wie blickt dein Auge!**
> **Wie liebst du mich!**

Das „Mailied", aus dem diese Strophe stammt, dichtet er auf Friederike Brion, die er während seiner Straßburger Studienzeit umschwärmt. Ihr gilt auch „Willkommen und Abschied" mit dem bezeichnenden Schlussvers:

> **Doch ach, schon mit der Morgensonne**
> **Verengt der Abschied mir das Herz:**
> **In deinen Küssen welche Wonne!**
> **In deinem Auge welch ein Schmerz!**
> **Ich ging, du standst und sahst zur Erden**
> **Und sahst mir nach mit nassem Blick:**
> **Und doch, welch Glück, geliebt zu werden!**
> **Und lieben, Götter, welch ein Glück!**

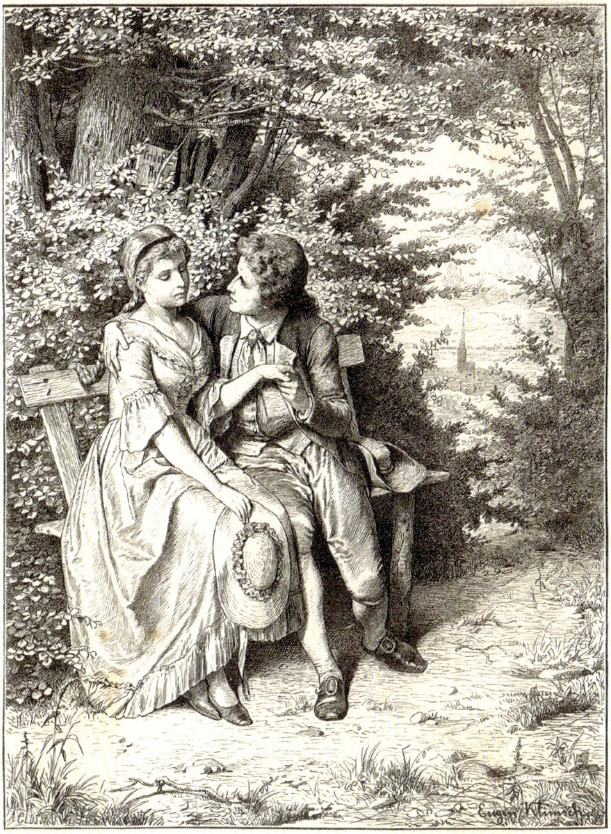

Goethe und Friederike Brion, um 1890, nach Eugen Klimsch

Es ist ein Abschied für immer. Er weiß es, sie weiß es. Er verlässt Friederike; sie hat nie geheiratet. Charlotte Buff, die „Lotte" des Werther-Romans, hätte womöglich Goethe zuliebe ihre Verlobung aufgelöst, aber der lässt es nicht so weit kommen und reist ab. Mit der Offenbacher Bankierstochter Lili Schönemann verlobt er sich sogar; als er jedoch das Angebot des Herzogs Carl August erhält, nach Weimar zu kommen, verlässt er sie. Er leidet immer sehr unter den Trennungen; aber die Angst, durch die gesellschaftliche Verpflichtung einer Ehe seine Selbstständigkeit zu verlieren, ist übermächtig.

Der Liebesjunkie

Wenn Goethe Liebesbeziehungen beendet, um schon bald neue einzugehen, ist das mit „Bindungsangst“ nur unzureichend erklärt. Es gibt erkennbar zwei starke Triebfedern, die ihn immer wieder „Neue Liebe, neues Leben“, so der Titel eines seiner bekanntesten Gedichte, suchen lassen.

Die eine ist der Rausch der Verliebtheit, der ihn zu großer dichterischer Form auflaufen lässt, eine Art Kreativdroge, die er im „Himmelhochjauchzenden“ ebenso finden kann wie im „zu Tode Betrübten“, um zwei sprichwörtlich gewordene Zustandsbeschreibungen aus seinem Schauspiel „Egmont“ zu bemühen. Das Gedicht „Neue Liebe, neues Leben“ entstand aus dem Schmerz des jungen Goethe über das Ende seiner Liebe zur Bankierstochter Lili Schönemann, das dem Widerstand der reichen Familie ebenso geschuldet war wie seiner eigenen Bindungsangst. Es endet mit dem Aufschrei des immer noch bis über beide Ohren Verliebten: „Liebe! Liebe! Lass mich los!“ Die Wahrheit aber ist: Ohne Liebe, ohne Leidenschaft, kann er nicht leben, nichts schaffen.

Ja, es kennzeichnet das Genie, dass es alle Höhen, alle Tiefen der Leidenschaft durchmisst, denn – so der 27-jährige Goethe in einem Brief an eine adlige Verehrerin:

Alles geben die Götter, die unendlichen,
Ihren Lieblingen ganz,
Alle Freuden, die unendlichen,
Alle Schmerzen, die unendlichen, ganz.

Und aus der größten Freude ebenso wie dem größten Schmerz entstehen dann die genialsten Gedichte. So wie im Schmerz des alten Goethe über seine unerfüllte späte Liebe zur blutjungen

Ulrike von Levetzow, der uns die Marienbader Elegie beschert hat. Mehr dazu im Kapitel „Beinahe ein Skandal“ auf den Seiten 94/95.

Das Stichwort Alter führt uns zur zweiten starken Triebfeder für Goethes Sucht nach immer neuer Leidenschaft: Sie ist seine Droge gegen das Altern. Er hat kaum noch Zähne im Mund, als er die 19-jährige Ulrike begehrt; aber die Devise „Neue Liebe, neues Leben“ gilt unverändert noch für den bereits körperlich Gebrechlichen. Er scheint zu hoffen, dass die Liebe ihn unsterblich macht. Und so flieht er vor dem Alter und seinen Unzulänglichkeiten, ob bei sich selbst oder bei anderen, wie er vor dem Tod flieht.

Bei Schicksalsschlägen findet er Trost im Schreiben. Trost auch in der Erkenntnis dessen, „was die Welt in Innersten zusammenhält“. Die zentrale Frage des Faust-Stoffes, die Goethe seit Kindertagen verfolgt, ist ja genau diese. Die Antwort, gegeben am Ende von Faust II, kulminiert in der Botschaft: Das Ewig-Weibliche/Zieht uns hinan.

Es ist viel darüber spekuliert worden, was das genau heißen soll, und es meint bestimmt nicht nur die Liebe zum Weiblichen im engeren Sinne, sondern alles, was einen Menschen ganz ergreift, alles, was ein Mensch mit Leidenschaft verfolgt, was ihm unendliche Freuden und unendliche Schmerzen bereitet.

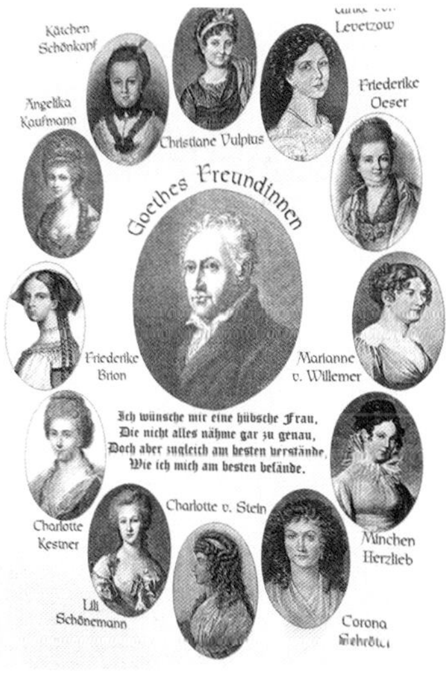

AHA!

Alltag zur Goethezeit

7. November 1775, ca. 5 Uhr morgens in Weimar: Goethe, 26, trifft ein. Er kommt aus Frankfurt, der großen Freien Reichsstadt am Main.

Er kann womöglich von Glück sagen, dass ihm – so früh am Morgen – kein übler Empfang zuteilwird, denn die etwa 10.000 Einwohner der kleinen Residenzstadt schütten noch die Fäkalien aus dem Fenster. Was Goethe nicht hindert, sein Leben lang – mit Unterbrechungen – in der „Hauptstadt" des nur 30.000 Landeskinder zählenden Fürstentums Sachsen-Weimar-Eisenach zu bleiben.

Seine erste Unterkunft ist das heutige „Deutschritterhaus" am Töpfenmarkt, heute Herderplatz. Das Gebäude ist ansehnlich; aber auch dort sind die Lebensverhältnisse alles andere als komfortabel: Fließendes Wasser gibt es nicht, dafür aber ständige Brandgefahr. Denn in dunklen Stunden müssen, wo Holz das bevorzugte Baumaterial ist, Wachskerzen oder die preiswerteren Talglichter angezündet werden. Der Speisezettel ist – außerhalb des Fürstenhofes – dürftig. Hauptnahrungsmittel ist Brot; die Kartoffel gilt eher als Viehfutter. Die Landbevölkerung hat Abgaben an den Hof zu entrichten. Der verschlingt gut die Hälfte des gesamten Staatshaushalts. Dabei zerstören rücksichtslose Jagden oft die angebauten Flure. Und in den wenigen Manufakturen, Strumpfwerkereien etwa, lässt sich kaum ein Lebensunterhalt verdienen.

Goethe sieht das und setzt sich als Staatsminister energisch für das Wohl der Bürger und Bauern ein. So will er mit seinen Versuchen, das Kupfer- und Silberbergwerk in Ilmenau wieder in Gang zu setzen, vor allem Arbeitsplätze schaffen und das Staatseinkommen steigern. Er setzt auch eine Halbierung der Militärkosten durch und sorgt dafür, dass zumindest sein Weimarer Fürstenhof keine Landessöhne mehr als Soldaten nach Amerika verkauft.

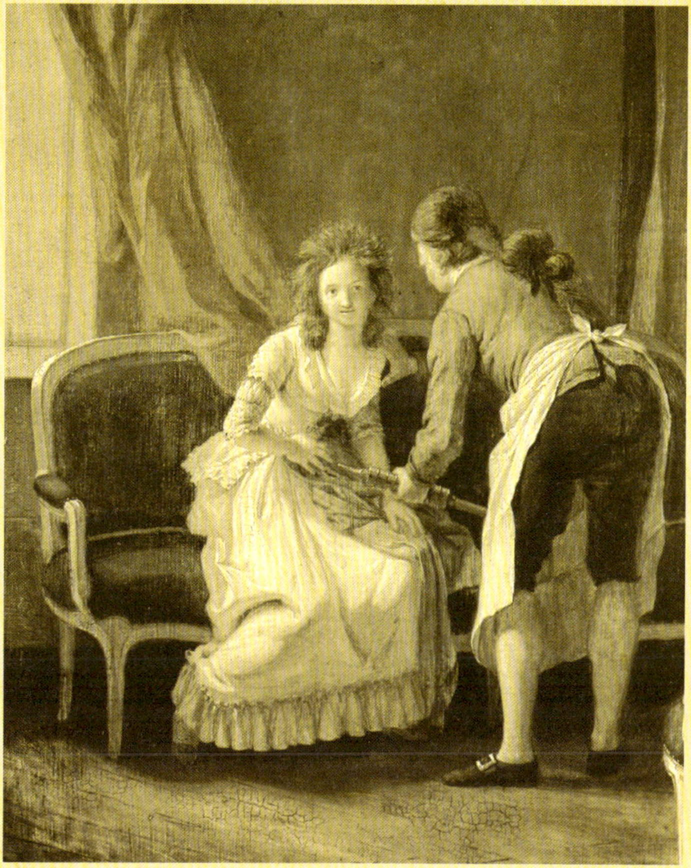

Beliebte Heilmethode anno 1775: Hier steht ein Einlauf bevor …

Ansteckenden Krankheiten sind Goethe und seine Zeitgenossen noch hilflos ausgeliefert. Vermeintliche Heilung sucht man in Aderlass oder Einlauf mittels Klistierspritze. Doch schon ein Blinddarmdurchbruch bedeutet den sicheren Tod. Die Kindersterblichkeit ist selbst in gutsituierten Kreisen hoch. Was die ansteckende Pockenerkrankung angeht, gibt es allerdings bereits erste erfolgreiche Versuche mit Schutzimpfungen. Goethe, weitsichtig, plädiert schon 1806 für eine allgemeine Impfpflicht!

Seine Fahrt von Frankfurt nach Weimar trat Goethe in einer viersitzigen Kutsche an, dem sogenannten Landauer. So eine Kutschfahrt ist alles andere als bequem. Es drohen Achsenbrüche, aber auch Überfälle! Nach Regentagen versinken die Straßen im Schlamm. Und dennoch kann sich nur ein Begüterter eine längere Reise mit der Kutsche leisten. Kein Wunder, dass außer Handwerksburschen und Studenten kaum jemand seine Heimat verlässt! Die mangelnde Mobilität behindert den Handel und fördert nicht gerade den Wohlstand. Die Kleinstaaterei tut ein Übriges. Deutschland besteht zeitweise aus 36 Klein- und Kleinststaaten, jeder mit eigener Währung, eigenen Maßeinheiten, eigenen Gesetzen. Dass ausgerechnet Napoleon, der ganz Europa besiegte, mit der Einführung einheitlicher Maße und Gewichte hier Abhilfe schaffte, hat Goethe, der Ordnungsfanatiker, dem französischen Kaiser hoch angerechnet!

Dass die Frau im öffentlichen Raum zu schweigen habe, wie es beim Apostel Paulus heißt, ist auch zur Goethezeit noch allgemeine Überzeugung: Den Haushalt soll die Frau führen und Mutter sein. Und Goethe, der „Frauenversteher“, macht da keine Ausnahme. Schon seiner Schwester Cornelia hat er in Briefen Anweisungen erteilt, wie sie ihr Leben zu gestalten habe, und seinem Freund Schiller schickt er „Episteln“ für dessen Zeitschrift „Die Horen“, die einem Macho gefallen würden:

Immer ist so das Mädchen beschäftigt und reifet im Stillen
Häuslicher Tugend entgegen, den klugen Mann zu beglücken.
Wünscht sie doch endlich zu lesen, so wählt sie gewißlich ein Kochbuch.

Fragt sich, wie viel davon eine ironische Reaktion auf Schillers Lob der Frauen ist. Dessen „Und drinnen waltet die züchtige Hausfrau“ ist in Goethes Augen wohl doch etwas zu schwülstig geraten ...

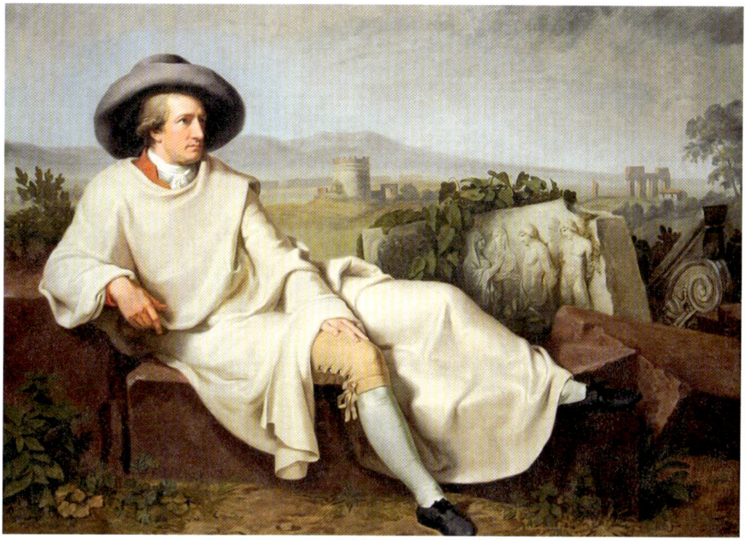

Zwei linke Füße? Johann Heinrich Tischbeins „Porträt Goethes in der Campagna“ von 1787

„Kennst du das Land …?“

Nach den ersten zehn Weimarer Jahren mit ihren vielen Ämtern scheint Goethe das zu erleben, was wir heute „Burnout“ nennen. Seine Reaktion: Er ergreift die Flucht.

Seine Dichtungen kommen nicht mehr voran, und auch die Beziehung zu seiner Herzensfreundin, der Frau von Stein, ist anstrengend: Da weiht er den Herzog – und nur ihn – in seine Pläne ein. Der ist großzügig und lässt den Freund nach Italien reisen.

Aus dem ursprünglich auf ein paar Wochen angelegten Aufenthalt werden zwanzig Monate. Und diese Zeit macht einen anderen Menschen aus Goethe. Er reist unter dem Pseudonym „Philipp Möller, Maler“ (in Italien „Filippo Miller, Tedesco“, Deutscher). Die Kunst der Renaissance und des Barock interessieren ihn wenig, beim Besuch der Sixtinischen Kapelle schläft er sogar ein. Was er sucht, ist das Altertum. Er ist glücklich, als er Monumente antiker Baukunst sieht – schon in Verona, erst recht in Rom.

Er taucht ein in die italienische Lebensart, lernt viele andere deutsche Künstler kennen, die ebenfalls in der Ewigen Stadt leben: Johann Heinrich Tischbein zum Beispiel, von dem das berühmte Gemälde „Goethe in der Campagna" stammt; auch die Malerin und, wie man heute wohl sagen würde, „Influencerin" Angelika Kauffmann, den Schriftsteller Karl Philipp Moritz und viele andere.

Goethe fühlt sich frei; seine Kreativität erwacht neu. Er zeichnet und malt, schreibt an seinen in Weimar liegengebliebenen Manuskripten weiter. Vieles davon ist gut dokumentiert, aber eines bleibt der Spekulation überlassen: sein Liebesverhältnis zu einer schönen Römerin. In seinen „Römischen Elegien", die er sehr viel später schreibt, nennt er sie „Faustina". Es bleibt aber ungewiss, ob man den dort geschilderten erotischen Erlebnissen Glauben schenken darf – wir wissen ja: Dichtung muss nicht immer Wahrheit sein!

Als er im Mai 1788 nach Weimar zurückkehrt, geraten die Daheimgebliebenen ins Staunen: Ist das noch derselbe Goethe? Er ist offener, weniger förmlich, und ja, er ist auch nicht mehr hager, sondern eher von „gesetzter" Statur. Der Herzog verschont ihn fortan weitgehend mit Regierungsaufgaben; nun kann er seinen Lieblingsbeschäftigungen nachgehen und nimmt mit neuem Schwung seine Dichtungen wieder auf.

Die Reiseerlebnisse schildert Goethe sehr viel später in seiner „Italienischen Reise". Darin wird der ganze Zauber dieser anderthalb Jahre noch einmal spürbar.

Die Sehnsucht war aber schon früher da ...

Kennst du das Land, wo die Zitronen blühen,
Im dunklen Laub die Goldorangen glühen,
Ein sanfter Wind vom blauen Himmel weht,
Die Myrte still und hoch der Lorbeer steht?
Kennst du es wohl? Dahin!
Dahin möcht ich mit dir,
O mein Geliebter, ziehn.

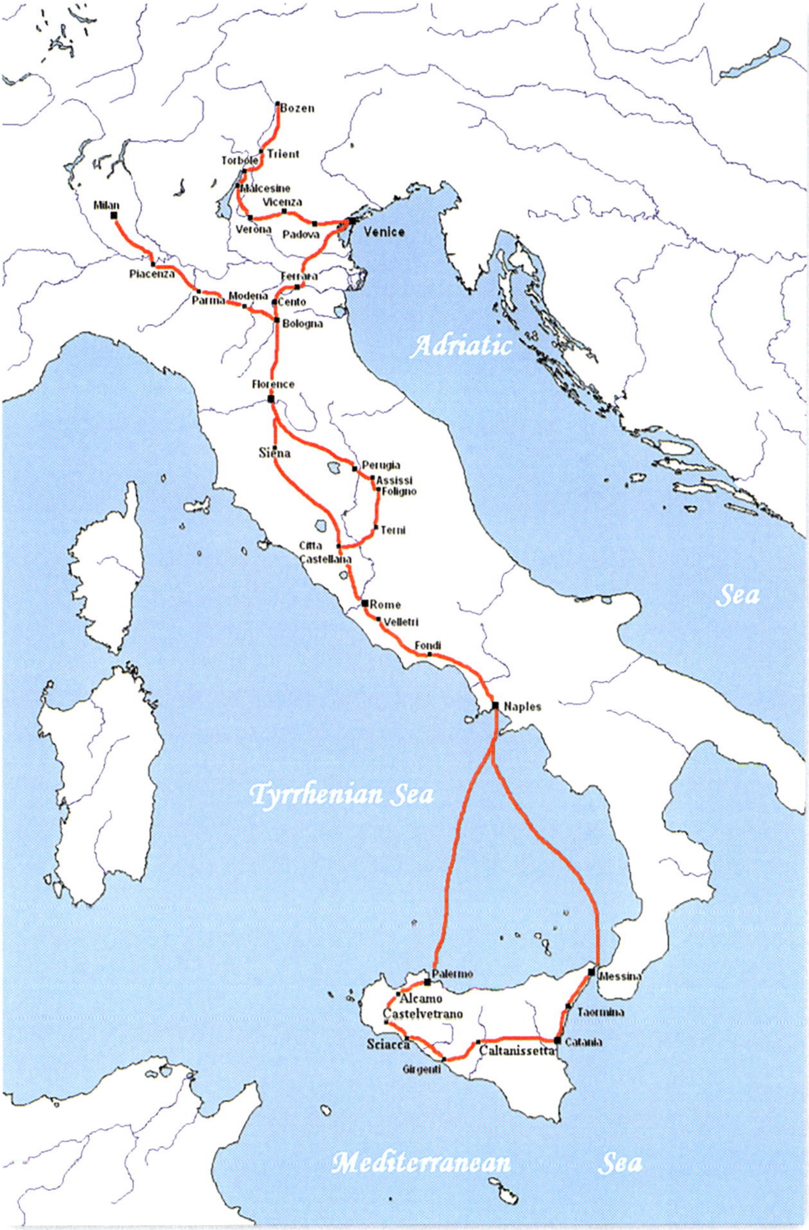

Bozen
Trient
Torbole
Malcesine
Vicenza
Milan
Verona
Padova
Venice
Piacenza
Ferrara
Modena
Parma
Cento
Bologna
Adriatic
Florence
Siena
Perugia
Assissi
Foligno
Terni
Citta
Castellana
Sea
Rome
Velletri
Fondi
Naples
Tyrrhenian Sea
Palermo
Messina
Alcamo
Castelvetrano
Taormina
Sciacca
Catania
Caltanissetta
Girgenti
Mediterranean Sea

AHA!

Fleisch, ade!

Goethe im allgemeinen närrischen Treiben? In Weimar schwer vorstellbar, auch wenn es bei Hofe durchaus Kostümfeste und Maskenzüge gab. Anders in Rom: Hier lernte er die ursprüngliche, die vitale Form des Karnevals kennen: kein von oben verordnetes Fest, sondern eines, das sich nach alter Tradition das Volk selber gibt.

1788. Erstmals erlebt Goethe in den engen römischen Gassen den ohrenbetäubenden Lärm und das Getümmel – und ist abgestoßen. Aber schon im Jahr darauf hat sich seine Wahrnehmung unter dem Einfluss der südlichen Sonne gewandelt. „Der ernsthafte Römer legt seine Bedächtigkeit auf einmal ab: Es ist erlaubt, töricht zu sein", stellt der Frankfurter Bürgersohn staunend fest. Jetzt genießt auch er das bunte Treiben und stürzt sich hinein, nimmt die wilden Ritte durch die Straßen, die frechen Kostüme der Harlekine und der Pulcinellen mit den obszönen Vogelnasen, aber auch die zauberhaften Masken der winkenden Mädchen in sich auf und fühlt sich als Teil des Ganzen.

Wenn in der Nacht zum Aschermittwoch dem Fleisch Lebewohl gesagt wird (denn „Carnevale" heißt wörtlich „Fleisch, ade!"), ist es Zeit für eine Wertung. Und siehe da: Das ganze Treiben ist für Goethe ein Sinnbild. Freizügige Sexszenen zeigen den Ursprung des Lebens an und auch Geburt und Alter werden symbolisch dargestellt, bis die am Schluss anzuzündenden Kerzen die Endlichkeit des Daseins beleuchten. „So werden wir", schreibt Goethe unter dem unmittelbaren Eindruck des Erlebten, „mitten unter dem Unsinne auf die wichtigsten Szenen unsers Lebens aufmerksam gemacht."

Der in Essen lebende Künstler Rolf Escher hat dem „Carnevale" in Rom zur Goethe-Zeit eine ganze Serie von Lithographien gewidmet, darunter auch diese, die Goethe mit Pulcinellen zeigt.

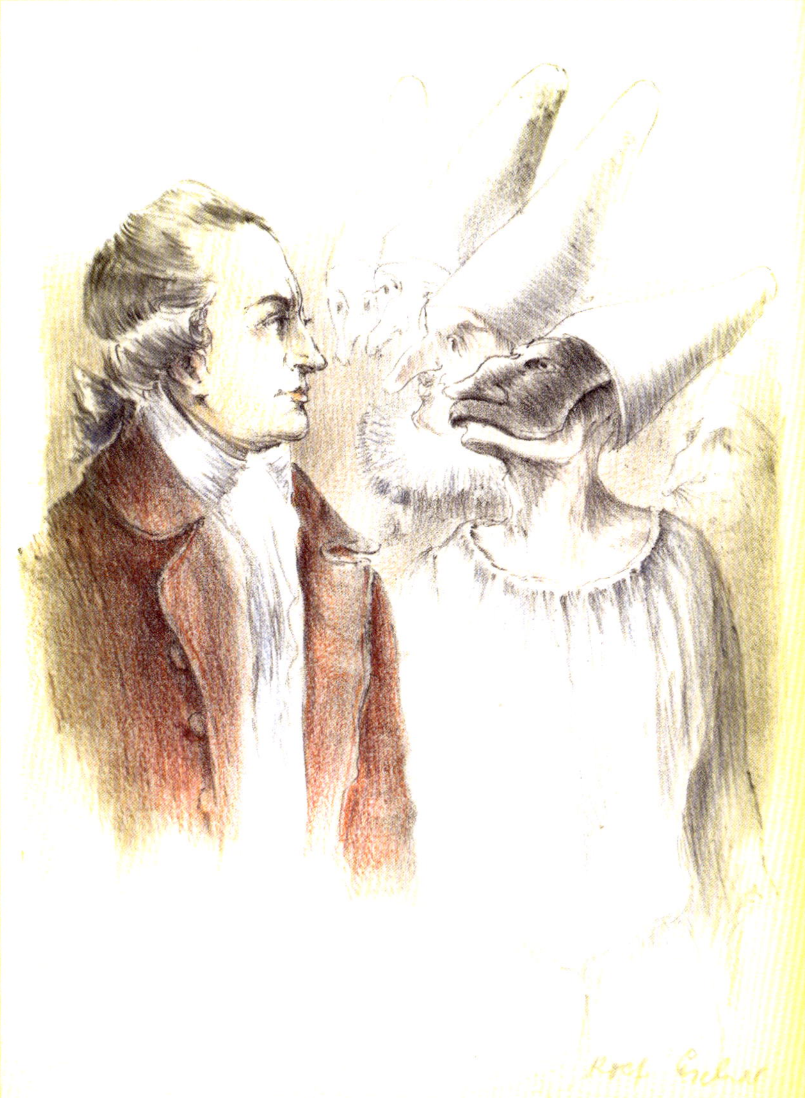

Die Gretchenfrage

„Sag, wie hast du's mit der Religion?" Gretchens Frage bringt den Faust in Goethes gleichnamigem Drama in ziemliche Verlegenheit. Aber was hätte Goethe selbst wohl geantwortet?

Welcher Goethe denn, kann man nur zurückfragen: der junge, der alte? Aufgewachsen in einem konventionell protestantischen Elternhaus, wenn auch mit Neigung zum Liberalen, entdeckt er schon als Kind die Bibel als spannende Lektüre; in Vaters Bibliothek saugt er viele Geschichten des Alten Testaments in sich auf, die immer wieder Eingang finden werden in seine Dichtung. Er nimmt sogar freiwillig Hebräisch-Stunden. An einem Gott als Person, einem alles lenkenden, gütigen gar, kommen jedoch spätestens nach dem großen Erdbeben von Lissabon 1755 schon dem aufgeweckten Kind Zweifel.

Die Sehnsucht nach einem Zuhause im Glauben hat Goethe aber sein ganzes Leben nicht verlassen. Ein solcher Glaube darf aber bitte nichts mit religiöser Enge, mit Normen und Dogmen zu tun haben. Er soll keine Schuldgefühle vermitteln. Die Vorstellung einer „Erbsünde" erscheint Goethe eine geradezu absurde „Passion". Mit der Hoffnung auf ein Wohlergehen erst im Jenseits kann er so gar nichts anfangen, haben uns doch ein Gott oder die Götter oder das Göttliche in der Natur das köstliche Leben geschenkt!

Wenn Goethe etwas am Christentum bewundert, ist es auch bestimmt nicht das Niederknien vor Knochen von Petrus und Paulus, wie er einmal lästerte. Für die prachtvolle katholische Liturgie, die er bereits bei der Kaiserkrönung 1764 im Frankfurter Römer als wohltuenden Gegensatz zum nüchternen Protestantismus empfindet, ist er schon eher empfänglich. Er suchte nach dem Gefühl in der Religion, nicht nach dem Diskurs. Was ihn nicht hinderte, Luther zu bewundern, hatte der doch mit der Kraft einer vitalisierten, runderneuten deutschen Sprache die Reformation bewirkt.

Goethes Suche nach einem Halt im Glauben lief nicht ohne Umwege ab. Als der Student nach seiner unglücklichen ersten großen Liebe zur Leipziger Wirtstochter Käthchen Schönkopf, physisch und psychisch am Ende, 1768 ins Frankfurter Elternhaus zurückkehrt, meint er vorübergehend, die Antworten auf seine Sinnfragen bei den Pietisten zu finden.

Doch die zeitgeistige Frömmelei geht dem Weltkind schon bald genauso auf die Nerven wie das Postulat „Entweder Christ oder Atheist!“ Denn Goethe interessieren alle Religionen, und wenn er an etwas glaubt, dann an das Wirken eines höheren Wesens oder eines Prinzips in der Natur, an einen Gott in allen Dingen.

Und in den Menschen, müsste man wohl ergänzen. Das jedenfalls wird Goethe in seiner Sturm- und Drang-Periode und erst recht nach dem Sensationserfolg des Werther-Romans zur Gewissheit: Das Göttliche offenbart sich im Genie. Und in der Liebe! Die Begegnung mit Charlotte Buff, der lebenden Vorlage für die Lotte im Werther, hat etwas Sakrales: Die Geliebte ist für Goethe „wie das Genie eine Offenbarung Gottes.“

Bis ins hohe Alter haben die Religionen Goethe beschäftigt. Er stellt den Islam als gleichberechtigt neben das Christentum, und auch dem Hinduismus kann er positive Seiten abgewinnen. In „Faust II“ verwendet er noch einmal zahlreiche christliche Motive, nun aber nicht mehr ironisch wie im ersten Teil, sondern im Sinne der Erlösung: Da treten Engel auf und sogar die „Himmelskönigin“ Maria. Faust, der Sünder, wird in den Himmel aufgenommen. Spötter sagen, Goethe sei am Ende seines Lebens katholisch geworden!

Aber sind wir da nicht wieder in die beliebte Falle getappt, das Werk mit dem Autor gleichzusetzen? Ein Kreuz jedenfalls soll sich in Goethes Haus am Frauenplan auch an seinem Lebensende nicht zwischen all den antiken Symbolen befunden haben.

AHA!

Gestatten: Heinrich Faust

„Heinrich, mir graut's vor dir!", ruft Gretchen, als Faust mit Mephistos Hilfe in ihren Kerker eindringt, um sie zu retten. Wie? Faust heißt mit Vornamen Heinrich?

Offensichtlich. Schon bei der berühmten Gretchenfrage hat sie ihn so genannt: „Versprich mir, Heinrich! [...] Nun sag, wie hast du's mit der Religion?" Aber hieß nicht der historische Faust, den es ja Anfang des 16. Jahrhunderts wirklich gab und von dem das „Faustbuch" von 1688 erzählt, Johann? Warum hat Goethe seinem Dramenhelden einen anderen Vornamen gegeben?

Spekulationen gibt es viele. Einleuchtend ist folgende Erklärung: Goethe mochte seinen ersten Vornamen Johann nicht. So, in vornehmen Kreisen auch französisch „Jean", hießen damals meist die Diener. Goethe, der sich zu Höherem berufen fühlte, passte das nicht. Falls sich ein Gesprächspartner überhaupt traute, ihn beim Vornamen zu nennen, ließ er sich mit Wolfgang anreden. Auch seine Mutter hatte ihn meist „Wolf" oder „Wölfchen" genannt. Ein Statement war denn auch der Name der Wahl, als Goethe bei der Taufe des ersten Kindes des Herzogs Carl August mit der Schauspielerin Caroline Jagemann Pate stand: Carl Wolfgang.

Faust konnte also unmöglich Johann heißen. So ganz ist der Johann, zumindest in der Kurzform Hans, aber doch nicht aus dem Drama verschwunden: Als Faust sich mit Mephisto in Gretchens Zimmer einschleicht, um dort – als Vorstufe der Verführung – ein Kästchen mit Schmuck zu deponieren, sagt Faust schuldbewusst zu sich selbst:

Und träte sie den Augenblick herein,
Wie würdest du für deinen Frevel büßen!
Der große Hans, ach wie so klein!
Läg', hingeschmolzen, ihr zu Füßen.

Hier also auf einmal Hans! Und das ist vermutlich nicht nur dem Versrhythmus geschuldet; Goethe hätte ja auch schreiben können: „Der große Heinrich, wie so klein!“ Ob da die liebevolle Erinnerung an die Mutter mit ihm durchgegangen ist, die ihn in ihren Briefen gern auch ihren „Hätschelhans“ nannte?

Bleibt die Frage, warum Philipp Stölzl in seinem Spielfilm „Goethe!“ von 2010 seine Hauptfigur wieder Johann nannte. Nun, „Wolfgang“ (bzw. „Wolferl“) sei, so Stölzl, schon an Mozart vergeben gewesen ...

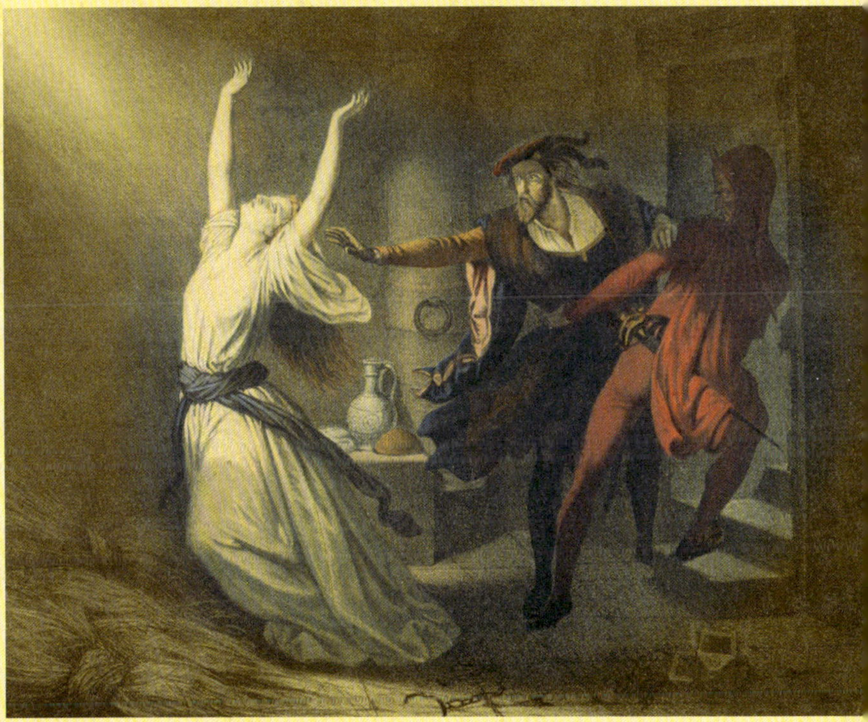

„Gretchen im Gefängnis“, Schlussszene des Faust, Illustration von Joseph Fay, ca. 1845/46

MeToo und ein dicker Hund

Gut zwei Jahrzehnte ist Goethe Theaterchef in Weimar. Da fehlt es nicht an jungen, hübschen Schauspielerinnen mit Talent und Ehrgeiz, die sich um seine Gunst bemühen. Aus heutiger Sicht eine gefährliche Situation: MeToo!

In der Tat gestand Goethe im Alter seinem Sekretär Eckermann, er habe sich „zu mancher leidenschaftlich hingezogen“ gefühlt. Angeblich hat er den Versuchungen widerstanden. Denn hätte er eine zur Favoritin gemacht, hätte das die anderen gegen ihn aufgebracht. Und doch gibt es eine, die hervorsticht: 1791 hat Goethe die Theaterleitung übernommen – eher widerwillig, denn das Publikum ist derbe Komödien und Rührstücke gewöhnt. Dem Niveau entsprechen die schauspielerischen Leistungen. Die blutjunge Christiane Neumann, genannt Christel, ist da eine Ausnahme: Mit ihr besetzt Goethe alle anspruchsvolleren Rollen, und ihr zuliebe ist er bei den Proben anwesend. In einem Shakespeare-Stück spielt sie einen Knaben, auf den ein Mitspieler mit einem glühenden Eisen losgehen soll. Die Szene ist Goethe nicht dramatisch genug; er springt auf die Bühne, ergreift selbst das Eisen und dringt auf die arme Kleine ein, die vor Schreck in Ohnmacht fällt. Als sie erwacht, findet sie sich in seinen Armen wieder. Da „lächelte sie heiter glücklich“, schreibt ein Zeitgenosse.

Christiane ist ein zartes Persönchen: Zwei Geburten, eine davon mit 14 Jahren, haben ihren Körper geschwächt. Sie stirbt, keine 20 Jahre alt, an Schwindsucht. Mit Goethes finanzieller Unterstützung setzen die Weimarer ihr ein Denkmal: Nach Christels letzter Rolle wird es das „Euphrosyne-Denkmal“ genannt – Euphrosyne („Frohsinn“) ist eine der drei Grazien.

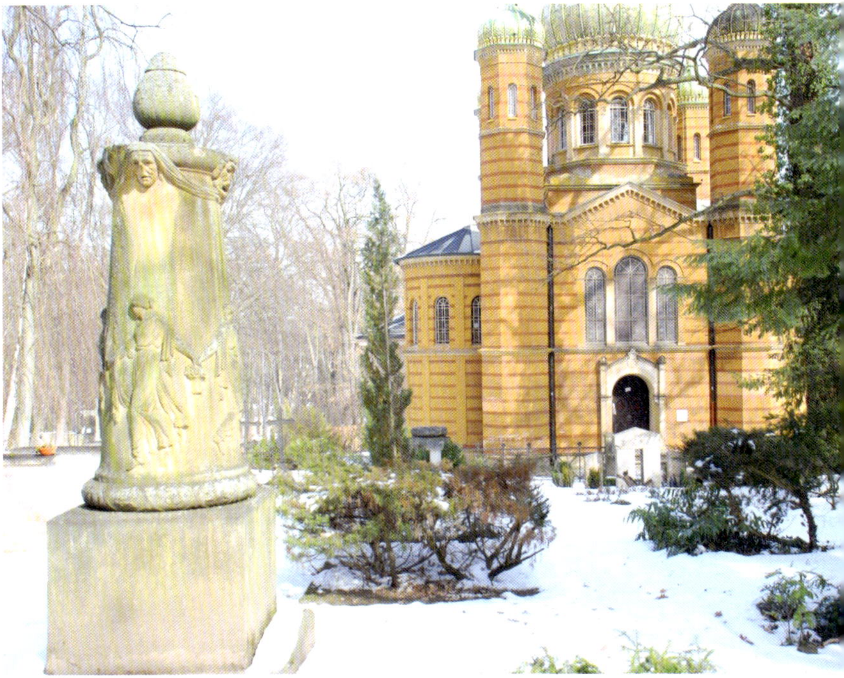

Das Euphrosyne-Denkmal zu Ehren Christiane Neumanns
auf dem Historischen Friedhof in Weimar

Nach Christiane Neumanns Tod heißt der neue Bühnenstar Caroline Jagemann. Mit ihr betritt eine Frau die Bühne, die für Aufruhr in der kleinen Residenzstadt sorgt. Das Goethe-Lexikon vermerkt trocken, sie sei „Goethes größtes Problem am Weimarer Theater“ gewesen. Dabei ist sie mit einem außergewöhnlichen Talent gesegnet. Die Theaterbesucher liegen ihr zu Füßen, auch der Landesherr selbst: Herzog Carl August erklärt sie ganz unverhohlen zu seiner Favoritin. Und Arthur Schopenhauer, der als Philosoph, aber nicht gerade als Frauenverehrer bekannt ist, schreibt ein Liebesgedicht (!) auf sie.

Goethes Problem ist, dass die vorzüglich ausgebildete Jagemann das Theater aufmischt. Immer wieder funkt sie dem Direktor dazwischen: So lehnt sie die damals übliche steife Deklamation ab und setzt sich für ein lebendiges Spiel ein. Da auch Schiller von ihr begeistert ist, bleibt Goethe am Ende nichts anderes übrig, als Caroline das Heft in die Hand zu geben. Goethe macht lange gute Miene zu dem Spiel und wird sogar Pate des ersten Kindes von Caroline und Carl August.

Aber was dann kommt, ist zu viel: ein Stück, in dem ein leibhaftiger Hund die Hauptrolle spielt! Goethe, wieder einmal abwesend, hat nicht mitbekommen, dass Caroline einen Berliner Schauspieler namens Karsten samt dressiertem Pudel nach Weimar verpflichtet hat. Der Hund, der in dem Stück maßgeblich zur Aufklärung eines Mordes beiträgt, fühlt sich buchstäblich pudelwohl und spielt zum Vergnügen des Publikums tadellos. Goethe ist jedoch empört. Sein Ende als Theaterchef wird gern den Intrigen der Jagemann angelastet. Aber vielleicht ist er den ungeliebten Job gar nicht so ungern los.

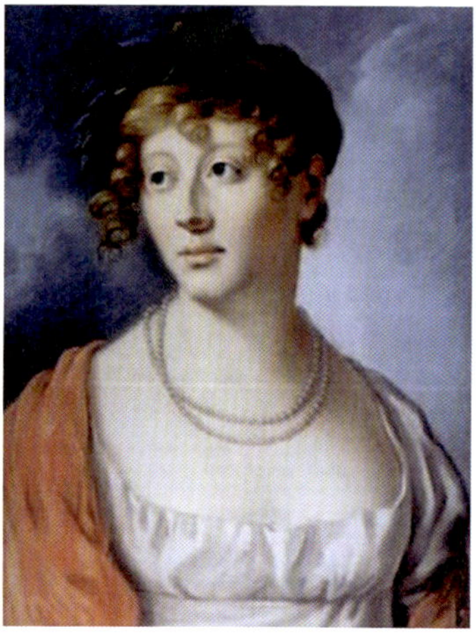

Wurde zum Problem für Goethe: Caroline Jagemann

Das kenn' ich!

Auf die Frage nach dem bekanntesten Goethe-Gedicht kommt meist prompt „Wandrers Nachtlied“ („Über allen Gipfeln ...“). Goethe-Liebhaber aber wissen: Stimmt. Und stimmt nicht.

Was das Gedicht und seinen Anfang angeht, stimmt es. Doch der Titel lautet in Wahrheit „Ein Gleiches“. Wie das? Nun, Goethe hat das kleine Gedicht am 6. September 1780 auf dem Kickelhahn im Wald bei Ilmenau mit Bleistift auf die Wand einer Berghütte geschrieben. Ohne Titel! Viele Wanderer nach ihm haben die verblassende Inschrift verstärkt, vielleicht auch abgeändert. Den Versuch eines Verehrers, die Stelle auszusägen, hat das Gedicht überlebt, nicht aber den Brand des Häuschens 1870. Zum Glück hatte jemand zuvor die Inschrift fotografiert.

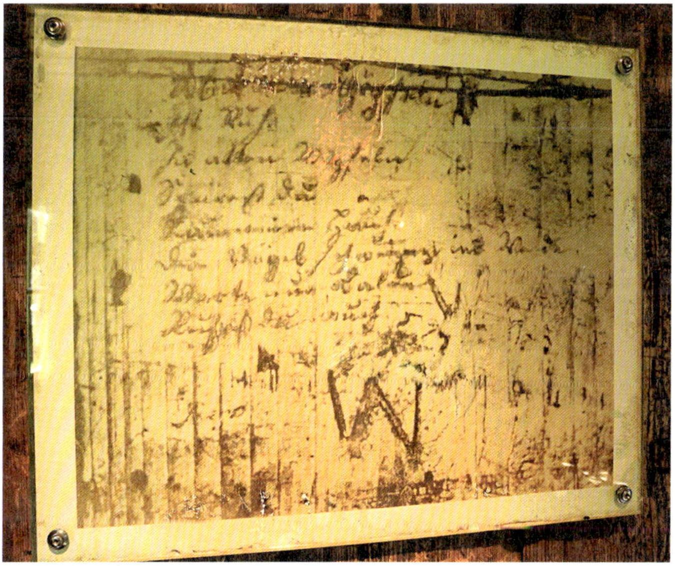

Die eingerahmte Inschrift

Abdrucken lassen hatte Goethe die Verse erst in seiner Werkausgabe von 1815. Dort steht es unmittelbar hinter einem Gedicht mit der Überschrift „Wandrers Nachtlied“ und trägt selbst den Titel „Ein Gleiches“. Es ist schließlich wie das andere das Nachtlied eines Wanderers!

Über allen Gipfeln
Ist Ruh.
In allen Wipfeln
Spürest du
Kaum einen Hauch.
Die Vögelein schweigen im Walde.
Warte nur, balde
Ruhest du auch.

Wenn ein Gedicht so popuär ist wie „Über allen Gipfeln“, sind Parodien niemals fern. Eine ganz originelle stammt von Joachim Ringelnatz, in dessen Gedichtband „Kuttel Daddeldu“ von 1920 ein „Abendgebet“ mit heute nicht mehr gern zitiertem Titel so endet:

Drüben am Walde
Kängt ein Guruh – –
Warte nur balde
Kängurst auch du.

Das Häuschen, schon vier Jahre nach dem Brand neu errichtet, ist bis heute ein Wallfahrtsort. Kein Wunder: Wer wie Goethe im Thüringer Wald wandert, hat vom Kickelhahn als dessen höchstem Punkt einen herrlichen Ausblick. In der Hütte kann man das Gedicht in 20 Sprachen sehen. Es ist eines der meistübersetzten und auch meistvertonten Goethe-Gedichte – und das meistparodierte!

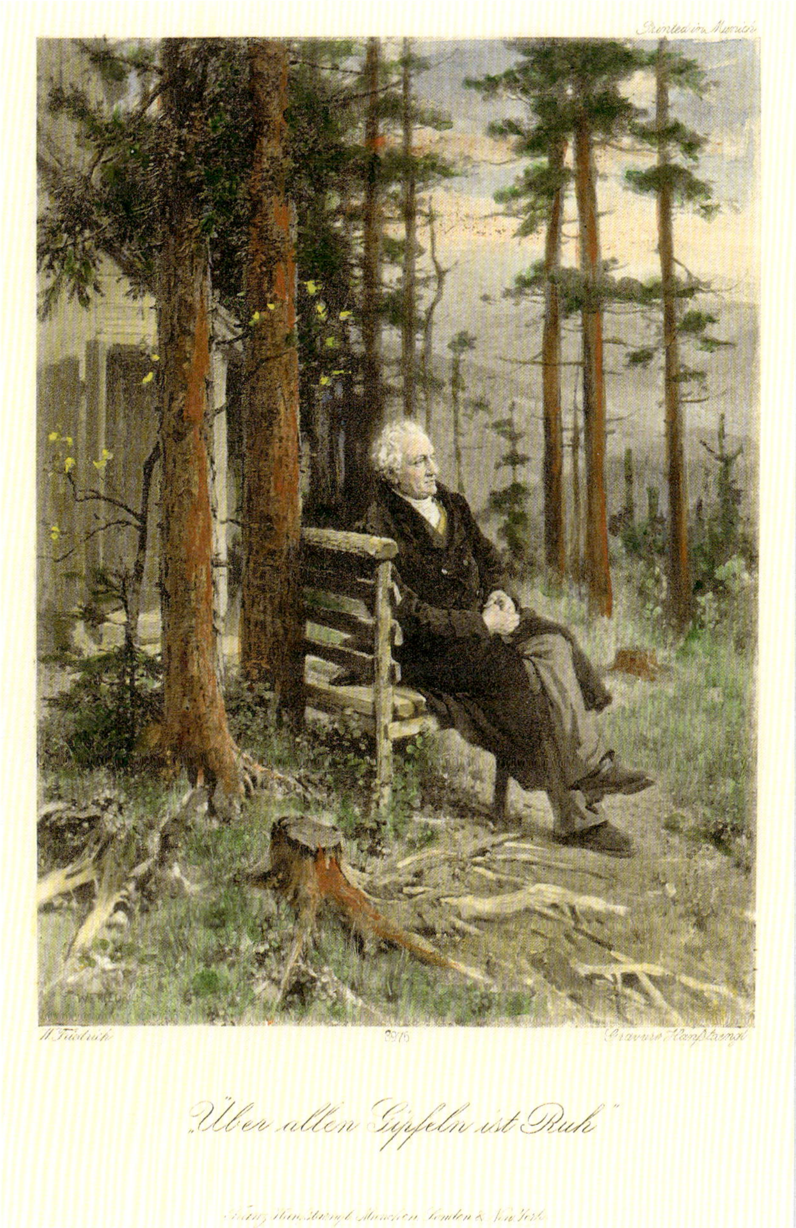
Printed in Munich
W. Friedrich
Gravure Hanfstaengl
„Über allen Gipfeln ist Ruh"

Horen und Huren

Goethe und obszön? Doch, ja, da findet sich einiges in seiner Dichtung, und manche Zeitgenossen regten sich auf. Dabei hielt der Dichter allerlei Anzüglichkeiten unter Verschluss.

Vieles von dem, was Goethe selbst für „dramatisch-humoristischen Unsinn" hielt, ist daher zu seinen Lebzeiten nicht veröffentlicht worden. Für Schillers Zeitschrift „Die Horen" allerdings steuert er die „Römischen Elegien" bei. Eigentlich wollte er sie „Erotica Romana" nennen; schließlich besingt er die Freuden der körperlichen Liebe in antikem Versmaß. Herausgeber Schiller entschärft jedoch und streicht, etwa: „... die Freuden des echten nacketen Amors / Und des geschaukelten Betts lieblicher knarrender Ton". Die Weimarer empören sich trotzdem: Oberkonsistorialrat Herder merkt an, die „Horen" müssten fortan wohl mit „u" geschrieben werden.

Die „Walpurgisnacht" im „Faust" mit ihren vielen Ausdrücken aus der Fäkal- oder Genitalsprache bezeichnet selbst Goethe-Freund Wieland als „pöbelhafte Unfläterei". Dabei hat Goethe manchen Blocksberg-Dialog zwischen den Hexen und Mephisto erst gar nicht in den Druck gehen lassen; dafür hatte er eine Extra-Mappe, den sogenannten Walpurgissack.

Ein Schock für verklemmte Goetheaner sind auch Goethes nicht publizierte Einlassungen zu Problemen beim Sex. Zu den harmloseren gehören diese selbstironischen Verse: „Gerne der Zeiten gedenk ich / Dass alle Glieder gelenkig / Bis auf eins. / Doch die Zeiten sind vorüber, / Steif geworden alle Glieder / Bis auf eins." Auch den Entwurf zu einem Fastnachtsspiel hat er unter Verschluss gehalten. Aus dem Inhalt von „Hanswursts Hochzeit" ist lediglich bekannt, dass der Protagonist heiraten will, um möglichst oft Sex haben zu können. Und dass sich eine Hundertschaft von Hochzeitsgästen mit deftigen Namen einfindet: die Tante Ursel mit dem kalten Loch, die Nichten Reck-

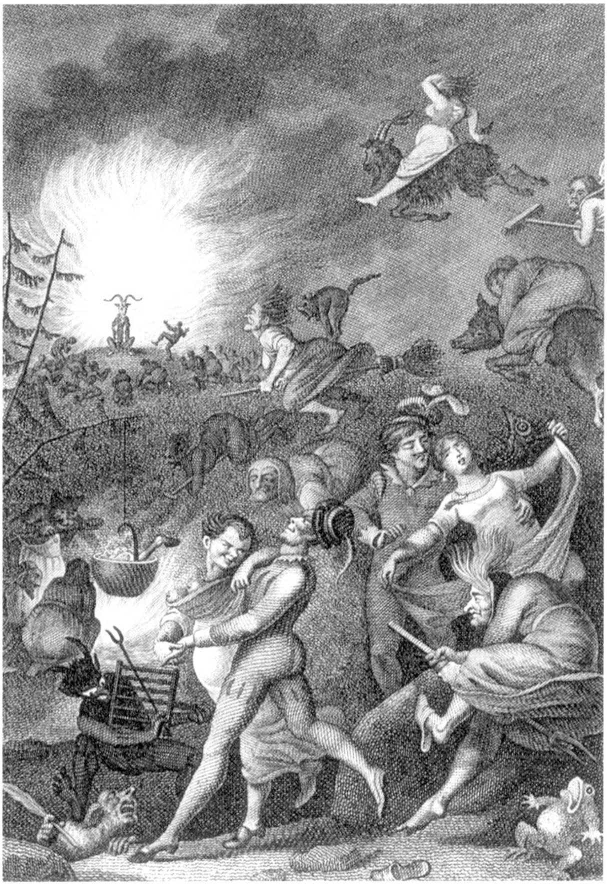

Manchen Blocksberg-Dialog hat Goethe unter Verschluss gehalten. (Johann Heinrich Ramberg: Walpurgisnachtszene aus Faust I)

Ärschgen und Schnuck-Fötzgen, Hans Arsch von Rippach, Peter Sauschwanz usw.

Jahrzehnte später liest Goethe seinem Eckermann aus dem Entwurf vor und lässt erkennen, warum der unter Verschluss war: „Unsere Kreise sind in Deutschland zu beschränkt". Beim Thema Walpurgissack wird er deutlicher:

In Frankreich, so meint er, hätte man ihn verstanden! „Die Deutschen", gesteht er einem Vertrauten, „mögen mich nicht." Und: „Ich mag sie auch nicht!" Sie sind ihm zu verklemmt.

Nationaldichter? Bitte nein!

Wie leicht es zu einem populären Irrtum kommen kann! Bei Goethe finden wir das Zitat: „Ein echter deutscher Mann mag keinen Franzen leiden, / Doch ihre Weine trinkt er gern." Ist Goethe deshalb ein Franzosenhasser?

Keinesfalls. Denn nicht er selbst, Johann Wolfgang Goethe, ist es, der solches von sich gibt, sondern eine Figur aus seinem „Faust": ein angeheiterter Student in Auerbachs Keller. Der Autor hat hier einem Volk aufs Maul geschaut, das lange unter der französischen Besatzung gelitten hatte. Goethe lehnte jeglichen Fremdenhass ab. Und gerade die Franzosen bewunderte er. „Wie hätte ich", bekennt er, „dem nur Kultur und Barbarei Dinge von Bedeutung sind, eine Nation hassen können, die zu den kultiviertesten der Erde gehört und der ich einen so großen Teil meiner eigenen Bildung verdanke!"

Bei den Deutschen dagegen fand er zu viel Grübelei und Tiefsinn; bei ihnen vermisste er die französische Leichtigkeit und Unbefangenheit des Umgangs. Die Sache mit dem „echten deutschen Mann" liest sich so ganz anders: Ist ein betrunkener deutscher Student mit seinen dumpfen nationalistischen Tönen nicht eher ein abstoßendes Schreckbild? Genau so hat Goethe es gesehen, wenn er feststellt, „auf den untersten Stufen der Kultur" werde man den Nationalhass „am stärksten und heftigsten finden". Seine Hoffnung liegt in der Bildung – und in der Empathie! Wenn es gelinge, „Wohl und Wehe eines Nachbarvolkes" so zu empfinden, „als wäre es dem eigenen begegnet", dann verschwände jeglicher Nationalhass!

Ähnlich empfand übrigens ein Autor, dem wir in dieser Reihe ebenfalls ein Büchlein gewidmet haben und der sonst selten mit Goethe übereinstimmte: Heinrich Heine. Mit Rührung registrierte der im Pariser Exil lebende Dichter das Mitgefühl und die Hilfsbereitschaft der Franzosen, als im fernen Hamburg 1842 ein verheerendes Feuer ganze Stadtteile vernichtet hatte. Ein „Bewusstsein des Weltbürgertums“ – Heine nannte es „Kosmopolitismus“ – werde sich durchsetzen!

Die Deutschen haben leider wenig davon begriffen. Das Kaiserreich machte Goethe zum „Nationaldichter“ und würdigte damit nicht etwa den besonnenen Mahner, sondern sah ihn, wie es 1899 in einer Festrede zu Goethes 150. Geburtstag heißt, als einen Vorläufer Bismarcks und den „größten Sohn der germanischen Erde“, einen Kämpfer gegen den „welschen“, sprich französischen Nachbarn. Nur gut, dass diese Zeiten vorbei sind und den meisten unserer Zeitgenossen nicht nur der „Franzenwein“ gefällt!

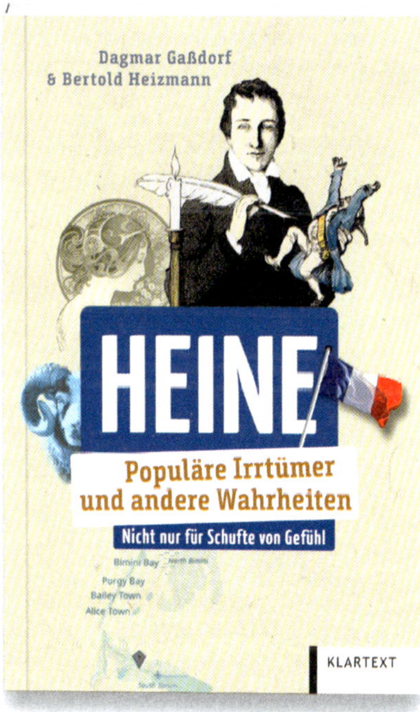

Auch diesem Kosmopoliten, der als „Nationaldichter“ vereinnahmt worden ist, haben wir in dieser Reihe ein Porträt gewidmet: Heinrich Heine. Goethe und Heine sind sich übrigens persönlich begegnet. Mehr dazu auf Seite 74

Der Bettschatz

Goethe ist kaum aus Italien zurück, da stellt sich im Gartenhaus an der Ilm eine junge Frau ein, die eine Bittschrift überbringt: Ob der Herr Minister sich ihres Bruders annehmen könne?

Die junge Frau heißt Christiane Vulpius, ist 23 Jahre alt, hat schwarze Kulleraugen und dunkle Locken. Zwischen den beiden muss es sofort gefunkt haben: Sie wird – wohl noch am selben Tag – seine Geliebte. Das unerhörte Verhältnis zwischen dem Geheimrat und einem Mädchen aus dem Volk löst in Weimar Empörung und Spott aus. Der Geheimrat hat sich also eine Bettgenossin auserkoren!

Skandalös wäre das nicht gewesen, hätte Goethe das Verhältnis nicht offen zur Schau gestellt. Und so muss das höfische Weimar mit ansehen, wie er mit seiner bald unübersehbar schwangeren Geliebten im Park flaniert. Was um alles in der Welt findet der Geistesheros an dem Mädchen? Goethe steht zu seiner Christiane und hat nicht die geringste Lust, sich zu rechtfertigen. Bei offiziellen Anlässen darf sie allerdings nicht dabei sein, auch nicht, wenn er Besuch empfängt; dann ist sie seine „Haushälterin". Tatsächlich hätte sie aber kaum an den hochgeistigen Gesprächen teilnehmen können. So wächst in Weimar die Überzeugung, Christiane sei lediglich Goethes Sexpartnerin.

Aber das stimmt nicht. Eine überwältigende Zahl von Briefen Goethes an Christiane belegt, wie sehr er seine „Kleine", seinen „Hausschatz", liebt, wie rührend er trotz abenteuerlicher Rechtschreibung ihre Antworten aufnimmt, ja auch, wie eifersüchtig er sein kann, wenn er meint, Christiane habe anderen Männern „Äugelchen gemacht". Schon auf der ersten Auslandsreise nach der Geburt des Sohnes August vermisst er schmerzlich seine „Liebste", aber auch den „kleinen Hosenscheißer". Christiane gibt ihm, dem so oft Zweifelnden, Sicherheit; ihre Unbedarftheit ist für ihn kein Makel, sondern eine Erfrischung. Außerdem ist sie eine ausgezeichnete Köchin! Bald kann man es beiden ansehen ...

Einer Ehe weicht Goethe aber lange aus. Er sei verheiratet, sagt er, „nur nicht mit Zeremonie“. Als sich aber bei der Plünderung Weimars 1806 Christiane tapfer eindringenden französischen Soldaten entgegenstellt, ist er gerührt und dankbar: Nach achtzehn Jahren Ehe ohne Trauschein heiratet er sie – und ermöglicht ihr damit die Aufnahme in die „bessere“ Gesellschaft. Zur 25. Wiederkehr ihrer ersten Begegnung schenkt er ihr eines seiner schönsten Gedichte: „Gefunden“.

Ich ging im Walde
So für mich hin,
Und nichts zu suchen,
Das war mein Sinn.
Im Schatten sah ich
Ein Blümchen stehn,
Wie Sterne blinkend,
Wie Äuglein schön.
Ich wollt es brechen,
Da sagt' es fein:
Soll ich zum Welken
Gebrochen sein?
Ich grub's mit allen
Den Wurzeln aus,
Zum Garten trug ich's
Am hübschen Haus.
Und pflanzt es wieder
Am stillen Ort;
Nun zweigt es immer
Und blüht so fort.

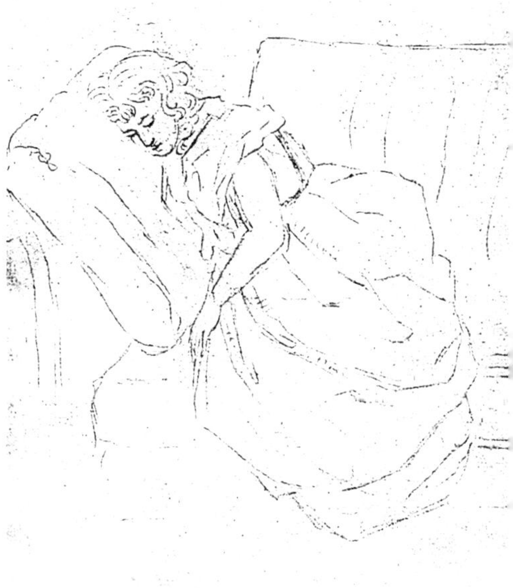

Zarte Liebeserklärung von Goethes Hand:
Christiane Vulpius schlafend (1788)

Ein großer Schatten jedoch trübt das Glück der beiden. Nach dem Erstgeborenen August bringt Christiane noch vier Kinder zur Welt, die alle schon kurz nach der Geburt sterben – mutmaßlich wegen einer Unverträglichkeit beim Rhesusfaktor.

Der ewige Sohn

Nur eines von Goethes Kindern hat das Erwachsenenalter erreicht: August, der Erstgeborene. Sein Vorname bedeutet „der Erhabene"; aber für viele Goethe-Freunde ist August nur „der Sohn".

Der Vater selbst scheint für diese Ansicht den Beleg zu liefern. Als August 1830 im Alter von 40 Jahren in Rom stirbt, veranlasst Goethe die Errichtung eines Grabsteins mit der lateinischen Inschrift

GOETHE FILIUS / PATRI / ANTEVERTENS:

„Goethe der Sohn, dem Vater vorausgehend".

Und wo ist der Vorname? Warum nicht „August"? Vor vorschnellen Schlüssen sei gewarnt. Zwar leidet August darunter, ständig an seinem Vater gemessen zu werden, weil dadurch seine eigenen Leistungen in den Hintergrund treten. So wie bei Goethes langjährigem Mitarbeiter Riemer, Augusts Hauslehrer, der befand, August sei „nur klug fürs ökonomische Leben", vermöge „dem Vater aber nichts in der Poesie zu sein". Der Satz stimmt jedoch auch umgekehrt. Natürlich kann August seinen Vater „in der Poesie" nicht erreichen. Aber er zeigt Talent für Aufgaben, die dem Vater nicht liegen, ihm aber außerordentlich nützlich sind: Mit gesundem Verstand, Ehrgeiz und Erfolg nimmt er ihm lästige ökonomische Pflichten ab. Nicht nur, dass er Goethes Haushalt mit Umsicht leitet. Was viele nicht wissen: Er erreicht bei den Ländern des Deutschen Bundes wichtige Privilegien zum Schutz des Goethe'schen Werkes – er erwirkt sozusagen ein Copyright!

Trotz seiner unehelichen Geburt – erst mit 10 Jahren darf er den Namen Goethe tragen – verlebt August eine glückliche Kindheit. Wie sein Vater absolviert er ein Jurastudium und wird 1811 in Weimar in den Staatsdienst übernommen. Obwohl das wegen seiner Tüchtigkeit geschieht und nicht etwa durch Protektion, sieht er sich der Missgunst seiner Zeitgenossen ausgesetzt. Doch etwas anderes setzt ihm noch mehr zu: die Ehe mit der hübschen und fantasiebegabten, aber flatterhaften Ottilie von Pogwisch. Sie bringt drei Kinder zur Welt, fühlt sich aber bei ihrem Mann gelangweilt und stürzt sich in amouröse Abenteuer. August möchte die Ehe retten und erträgt deshalb die Extravaganzen seiner Frau, wird aber zunehmend depressiv und verfällt dem Alkohol. Seine Aufgaben nimmt er dennoch wahr, fühlt sich aber letztlich ausgebrannt und rettet sich – wie vor ihm sein Vater – mit einer Flucht nach Italien. In Rom ist er glücklich, erleidet aber einen heftigen Fieberschub und stirbt, vermutlich an einer Hirnhautentzündung.

Wer Goethe in den Tagen nach dem Erhalt der Todesnachricht erlebte, kann an der Liebe des Vaters zu seinem Sohn nicht zweifeln. Unter Tränen wehrt er Beileidsbekundungen ab und erleidet einen schweren Lungenblutsturz. Nur „der große Begriff der Pflicht“ habe ihn überhaupt aufrechterhalten, wird er später an seinen Freund Zelter schreiben.

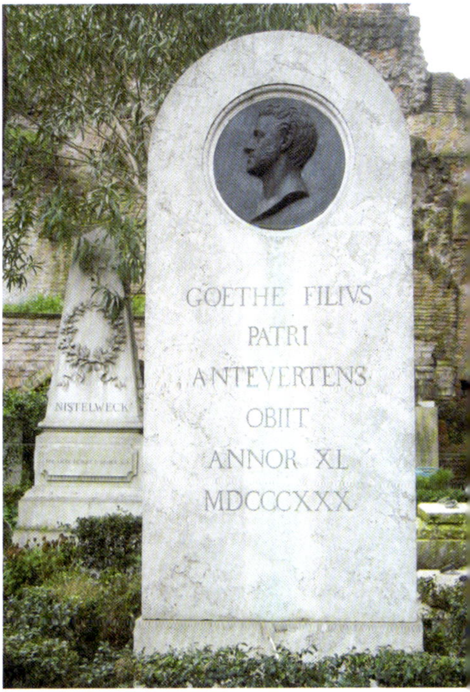

Kein Vorname: Grabstein von August von Goethe auf dem Protestantischen Friedhof in Rom

Der Kinderfreund

Goethe liebte Kinder, und die Kinder liebten ihn. Was er in seinem Roman über Werther erzählt, der mit den Geschwisterchen seiner Lotte herumtollt – das trifft ein Leben lang auf ihn selbst zu.

In Weimar führt er Kinderfeste ein: Die Jungen und Mädchen kommen ohne Eltern zu ihm, er empfängt sie in vollendeter Hofgala. Nach der Begrüßung seiner jungen Gäste mit „Ihr kleinen Menschengesichter!“ eröffnet er den Tanz mit einem der kleinen Mädchen, um danach dem kindlichen Treiben freien Lauf zu lassen.

Er kümmert sich liebevoll um die Söhne der Frau von Stein, besonders um den Jüngsten, Fritz, der ihm „lieb wie ein Sohn“ ist. Auch einen Pflegesohn nimmt er auf; allerdings weiß dieser die Erziehungsversuche nicht recht zu würdigen. Als er selbst – mit 40! – Vater wird, ist er glücklich. August, den „kleinen Kerl in Windeln“, liebt er über alles. Um so schmerzlicher für ihn und seine Christiane, dass alle vier danach geborenen Kinder schon im Säuglingsalter sterben.

Ab 1818 füllt sich das Haus am Frauenplan noch einmal mit Kinderlachen – und der „Apapa“ mittendrin! Drei Enkelkinder erfreuen den im Herzen jung gebliebenen Großvater: Walther, geboren 1818, Wolfgang, geboren 1820, und Alma, geboren 1827. Die Schwiegertochter Ottilie ist für ihn sein „Töchterchen“. Doch bleibt ihm nicht verborgen, dass die Ehe zwischen Sohn August und Ottilie bröckelt und die Kinder darunter leiden. Aber er hält sich heraus und versucht den Kleinen Geborgenheit zu geben. Genau die vermissen die Enkel nach Goethes Tod. Vater August war ja schon zwei Jahre zuvor gestorben, Mutter Ottilie lässt es wie immer an Zuwendung mangeln. Besonders die männlichen Enkel Walther und Wolfgang leiden darunter, unentwegt im

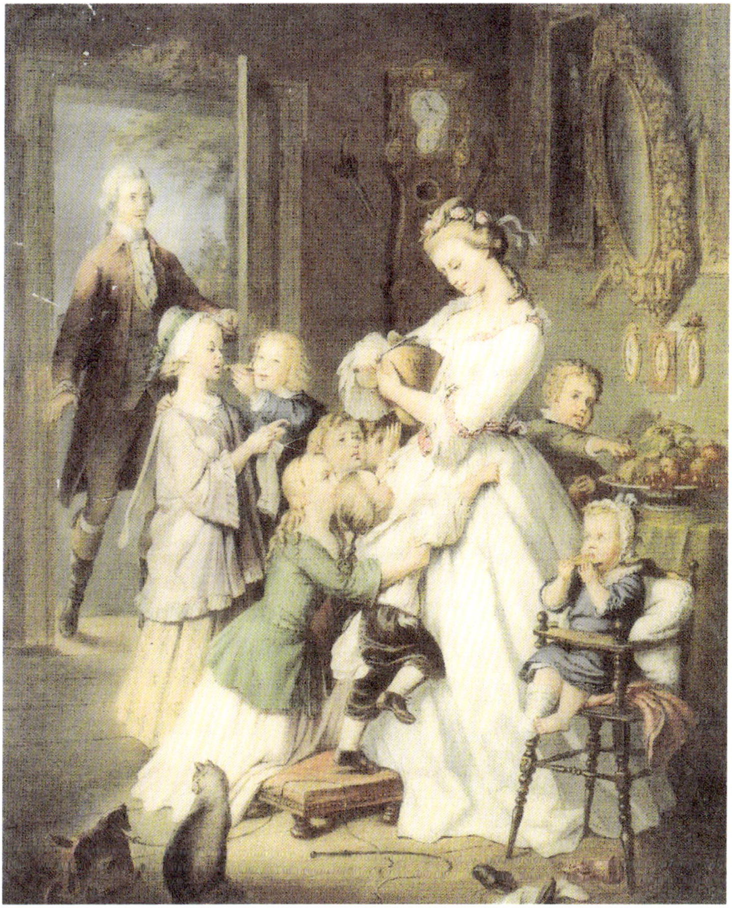

Liebe auf den ersten Blick: Werther, der Lotte zum Ball abholen will, überrascht sie beim Brotschneiden unter ihren Geschwistern. Zeichnung von Wilhelm von Kaulbach, 1859

Schatten des bedeutenden Großvaters zu stehen; sie sind mit sich unzufrieden und fassen nirgends richtig Fuß. Die kleine hoffnungsvolle Alma aber verstirbt mit siebzehn Jahren. Die Brüder bleiben kinderlos; die Linie endet 1885 mit dem Tod Walthers.

AHA!

Noch ein Sohn?

Dass Goethe einen Ziehsohn hatte, ist weithin unbekannt. Peter im Baumgarten trifft am 12. August 1777 in Weimar ein – circa 16 Jahre alt, nachlässig gekleidet, Pfeife rauchend und mit einem Spitz an der Leine.

Die Weimarer mustern den Fremden: Wie bitte? Der quartiert sich in Goethes Gartenhaus ein? Was hat der Geheimrat denn mit diesem schrägen Vogel zu tun – er, der Raucher „Schmauchlümmel" nennt und Hunde schon gar nicht mag! Da Goethe keine Erklärung abgibt, schießen die Spekulationen ins Kraut: Peter sei ein „wildes Kind", aufgezogen von Tieren. Wie Romulus und Remus – nur nicht von einer Wölfin gesäugt, sondern von einer Ziege. Ein späteres Gerücht, von Peter selbst gestreut, geht anders: Er sei der illegitime Sohn keiner Geringeren als der Weimarer Herzogin Anna Amalia.

Und die Wahrheit? Goethe hatte auf einer Reise in die Schweiz einen jungen adligen Leutnant namens Heinrich Julius von Lindau kennengelernt. Getrieben von Liebeskummer und Melancholie, wanderte der unstet in den Alpen umher und war dabei auf einen Hirtenjungen gestoßen, den er als unverbrauchtes Naturkind sah und dessen Begabung er fördern wollte. Er nahm ihn als Pflegesohn an, nannte ihn „Peter im Baumgarten genannt Lindau" und brachte ihn in einem Schweizer Internat unter. Goethe ließ sich von der schwärmerischen Begeisterung anstecken und versprach für den Fall von Lindaus Tod, sich um den Jungen zu kümmern. Das Versprechen muss er schon bald einlösen: Lindau stürzt sich in die amerikanischen Befreiungskriege und kommt schon kurz nach seiner Ankunft im heutigen New York ums Leben. Dann geht auch noch das Internat Pleite, und so rückt Peter in Weimar ein.

Unter Mitwirkung seines Freundes Herder versucht Goethe, dem Schützling eine ordentliche Erziehung angedeihen zu lassen. Vergeblich. Peter will das Pfeiferauchen nicht aufgeben, hält sich an keine Regel, hat nur Streiche im Kopf und stellt dann auch noch den Weimarer Mädchen nach. Dass Goethe schließlich aufgibt, hat mit einer Gipsbüste des Philosophen Lavater in seinem Gartenhaus zu tun: Goethe hält die Büste in Ehren; nicht so Peter, der sie mit schwarzer Tinte bemalt. Daraufhin bringt Goethe den Kerl bei einem Förster in Ilmenau unter. Doch auch als Förstergehilfe taugt Peter nicht, so dass der sonst nicht als überaus spendabel geltende Minister Goethe eine Ausbildung zum Kupferstecher finanziert. Hier zeigt Peter dann durchaus Talent; aber sein Ruf ist durch Rauchen, Kartenspiel, Alkohol und Sex ruiniert: Kurz vor der Geburt seines sechsten (!) Kindes verlässt Peter 1793 Thüringen – und gilt ab 1798 als verschollen.

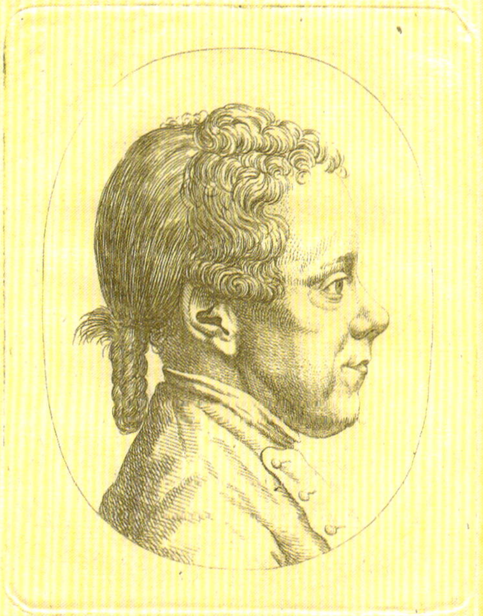

Patensohn Peter im Baumgarten: Das „Naturkind" erwies sich als Taugenichts.

AHA!

Der Mittwochs-Flop

Goethe ist gern in Gesellschaft – ob bei Festlichkeiten, literarischen oder wissenschaftlichen Salons. Am liebsten sind dem Dichter Zusammenkünfte, bei denen er selbst im Mittelpunkt steht. Also führt er auch eigene Zirkel ein, in denen er vor andächtigen Zuhörern glänzen kann.

Einer davon ist das 1801 gegründete „Mittwochskränzchen“. Nach dem Vorbild der mittelalterlichen Cour d’Amour sollen die „Minnesänger“ – hier Schiller, Hofleute und manchmal auch der Herzog und dessen Sohn – sich eine Partnerin erwählen. Goethes eigene Wahl fällt auf die schöne Gräfin Henriette von Egloffstein – seine Bettgenossin Christiane Vulpius muss draußen bleiben; sie ist nicht standesgemäß. Die Regeln sind streng: So darf sich etwa niemand ohne Erlaubnis hinsetzen. Einige Teilnehmer mucken auf und fordern mehr Frische und Abwechslung. Sie vermissen auch einen Weimarer, den Goethe partout nicht dort sehen will: August von Kotzebue. Die Stücke dieses später in Vergessenheit geratenen Autors werden damals häufiger aufgeführt als die von Goethe. Er gilt zudem als charmanter Plauderer. Da Goethe hart bleibt, macht Kotzebue sein eigenes Ding: das „Donnerstagskränzchen“. Es muss an den Donnerstagen unterhaltsamer zugegangen sein als mittwochs, denn Goethes Gäste laufen der Reihe nach zu Kotzebue über.

In späteren Runden läuft es besser für Goethe, so ab 1805 bei der Mittwochsgesellschaft. Dort glänzt er mit Lesungen aus seinen eigenen Werken und ist wieder der strahlende Mittelpunkt. Glanz (und hier sogar seinen Bettschatz) bringt er später auch in die Teeabende von Johanna Schopenhauer, der Mutter des Philosophen.

Leck mich!

Goethe-Zitate, die geradezu sprichwörtlich geworden sind, gibt es viele. Aber ist das vielleicht berühmteste überhaupt von ihm?

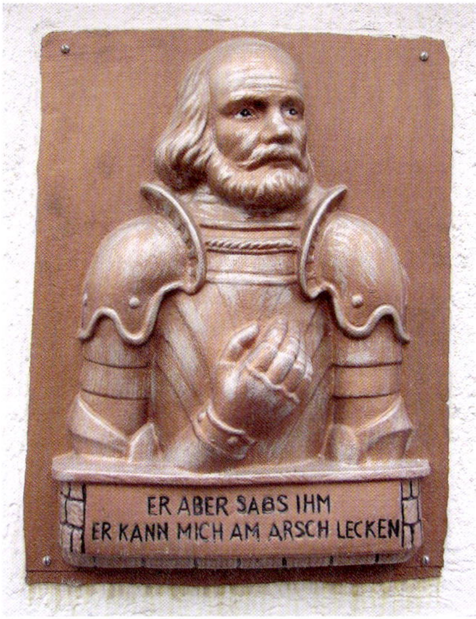

Gemeint ist „Er kann mich am A … lecken“ – jener Satz, den Götz von Berlichingen angeblich im gleichnamigen Goethe-Drama spricht. Tatsache ist: 1773, als „der Götz“ entsteht, macht sich auf deutschen Bühnen gerade eine neue, kraftvolle, teilweise derbe Sprache breit. Denn die Leute, die jetzt Zugang zum Theater haben, sind nicht nur Adlige, und sie wollen gut Verdauliches hören.

Aber wie lautet das Götz-Zitat nun wirklich? Nun, unser edler Raubritter, der sich in seiner Burg verschanzt hat, ruft seinen Verfolgern zu: „Sag deinem Hauptmann: Vor Ihro Kaiserliche Majestät hab ich, wie immer, schuldigen Respekt. Er aber, sag's ihm, er kann mich im Arsche lecken!“ Im, nicht am. Die Sache wird dadurch zwar nicht appetitlicher, aber dann ist wenigstens das Zitat korrekt …

Oft wird das Götz-Zitat auch als „schwäbischer Gruß“ bezeichnet. Die Schwaben müssten deswegen eigentlich beleidigt sein, denn der Ausdruck stammt – urkundlich belegt – aus dem fränkischen Bamberg. 1454 soll eine übel beleumundete Bambergerin ihren Ankläger dazu aufgefordert haben, sie im … usw.

Eine Weltkarriere hat das Zitat auch gemacht: 21 Übersetzungen hat ein fleißiger Sammler bereits im 19. Jahrhundert gezählt, darunter so hübsch klingende Sachen wie „Slik mig rumpen!“ (dänisch) und „Liz mi prdel!“ (tschechisch).

Goethe. Eine Zeitreise

1749 Am 28. August 1749 wird Johann Wolfgang Goethe als erstes Kind des Kaiserlichen Rats Johann Caspar Goethe und der 21 Jahre jüngeren Catharina Elisabeth, geborene Textor, in Frankfurt am Main geboren.

1765 Auf Wunsch des Vaters geht Goethe zum Jura-Studium nach Leipzig, von wo er nach unglücklicher Liebe zur Wirtstochter Käthchen Schönkopf krank nach Hause zurückkehrt.

1772 Der Jurist in spe Goethe hat einen Kurzzeitjob am Reichskammergericht in Wetzlar und verliebt sich dort in die bereits vergebene Charlotte („Lotte") Buff.

1774 Goethe hat die Liebe zu Lotte zu einem Roman verarbeitet: „Die Leiden des jungen Werther". Er wird europaweit ein Sensationserfolg. In Deutschland hat er bereits im Jahr zuvor mit seinem Drama „Götz von Berlichingen" auf sich aufmerksam gemacht. In Frankfurt lernt Goethe die Bankierstochter Lili Schönemann kennen.

1775 Goethe verlobt sich mit Lili Schönemann. Aber schon bald darauf löst er von sich aus die Verlobung wieder auf.

Eingeladen von Herzog Carl August trifft Goethe in Weimar ein. Ein Jahr später ist er „Geheimer Legationsrat", später „Geheimer Rat" und damit Regierungsmitglied.

Im November lernt Goethe die Hofdame Charlotte von Stein kennen, sieben Jahre älter als er, Ehefrau des herzoglichen Stallmeisters und Mutter von sieben Kindern. 1700 Briefe von ihm an sie zeugen von einer äußerst intimen Beziehung, die bis zu Goethes abruptem Aufbruch nach Italien dauert.

Kaiser Joseph II. erhebt Goethe in den Adelsstand. **1782**

Goethe fühlt sich überlastet und bricht heimlich nach Italien auf. Nur der Herzog weiß davon. Erst im Mai 1788 kehrt er nach Weimar zurück. Seine „Italienische Reise" schreibt er sehr viel später (1813–1817). **1786**

Im Juli des Jahres lernt Goethe im Park an der Ilm Christiane Vulpius kennen. Nach dem womöglich ersten sexuellen Kontakt seines Lebens zur Römerin Faustina beginnt damit, ein Skandal im höfischen Weimar, ein leidenschaftliches Liebesverhältnis zwischen dem berühmten Mann und dem Mädchen aus dem Volk. **1788**

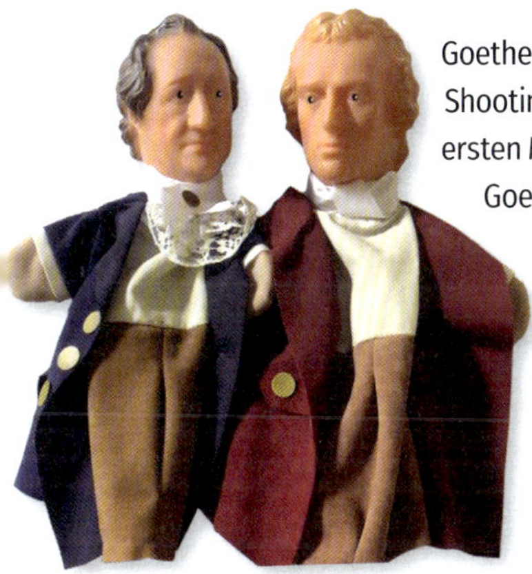

Goethe und der zehn Jahre jüngere Shooting Star Schiller kommen zum ersten Mal in Jena zusammen. Goethe nennt diesen Beginn einer ungewöhnlichen Männerfreundschaft, die 1805 durch Schillers Tod endet, ein „glückliches Ereignis".

Ein Renner in Weimars Kulturhauptstadtjahr: Goethe und Schiller als Handpuppen

Ende Dezember kommt das erste Kind von Goethe und Christiane, Sohn August, zur Welt. Vier weitere Kinder werden folgen, tot oder nur wenige Wochen lebensfähig. **1789**

Am 9. Mai stirbt Schiller. Goethe sucht Trost in der Wiederaufnahme des Faust-Stoffes. **1805**

Napoleonische Besatzung: Die Franzosen plündern auch in Weimar. Christiane stellt sich unerschrocken den Eindringlingen in den Weg. Aus Dankbarkeit für die mutige Tat heiratet Goethe seine Geliebte. **1806**

1808 Bei Cotta erscheint die erste vollständige Fassung des „Faust. Der Tragödie erster Teil".

1810 Nach zwanzig Jahren intensiver Befassung mit dem Thema veröffentlicht Goethe seine Farbenlehre. Er selbst hält sie für eine Großtat; doch die wissenschaftliche Welt zeigt sich wenig beeindruckt.

1811 Goethe beginnt mit der Arbeit an seiner Autobiografie, die später unter dem Stichwort „Dichtung und Wahrheit" bekannt werden soll. Die ersten drei Teile der Autobiografie erscheinen zwischen 1811 und 1814, der vierte erst im Jahr nach seinem Tod.

1814 Bei einem Besuch des Frankfurter Bankiers von Willemer verliebt sich Goethe in dessen Pflegetochter und baldige Ehefrau Marianne. Beim Dichten des „West-östlichen Divan" vollziehen die beiden ein „literarisches Rollenspiel der Liebe", zu dessen Gedichten auch solche aus Mariannes Feder gehören.

1816 Am 6. Juni stirbt Christiane Vulpius.

1821 In einer Kur in Marienbad lernt Goethe die damals 17-jährige Ulrike von Levetzow kennen. Zwei Jahre später macht er ihr einen Heiratsantrag, den sie allerdings unbeantwortet lässt.

1830 Am 27. Oktober stirbt Goethes Sohn August in Rom.

1832 Wenige Wochen vor seinem Tod vollendet Goethe seinen Faust II. Er versiegelt den Umschlag mit dem Manuskript und bestimmt, dass er erst nach seinem Tod geöffnet werden darf. Am 22. März 1832 stirbt Goethe in seinem Wohnhaus in Weimar.

Der Weltbewohner?

Schiller hat Stücke über die Jungfrau von Orleans, Maria Stuart, Fiesco und Wilhelm Tell geschrieben, ist aber nie in Frankreich, England, Italien und auch nicht in der Schweiz gewesen. Goethe dagegen war angeblich ständig auf Reisen.

Natürlich denkt jeder sofort an die „Italienische Reise“, mit der er, wie es heißt, die Italiensehnsucht der Deutschen begründet hat. Nach Italien ist er sogar noch einmal gereist; außerdem war er dreimal in der Schweiz und immer wieder in den böhmischen Kurbädern. „Hier war Goethe!“ Zahlreiche Hinweisschilder an den unterschiedlichsten Orten vermitteln den Eindruck, Goethe sei ständig unterwegs gewesen.

Wahr ist: Außer Rom hat keine bedeutende europäische Metropole Goethe zu Gesicht bekommen – weder Paris noch London oder Petersburg, noch nicht einmal das seinen geliebten böhmischen Bädern so nahe Prag. In Berlin war er ein einziges Mal und froh, der hektischen Stadt mit ihrem „verwegenen Menschenschlag“ den Rücken kehren zu können.

Einen „Weltbürger“ stellen wir uns anders vor! Da hat sich der bedeutende Dichter und Staatsmann mit einem Dasein in einem Provinznest zufriedengegeben? Goethe konnte es sich leisten, die Welt kommen zu lassen, indem er eine umfangreiche Korrespondenz führte und fast täglich Besucher aus aller Herren Länder empfing. Da musste er nicht selbst an allerlei exotischen Orten gewesen sein – seine Besucher berichteten ihm ja, und er nahm alles aufmerksam wahr. Und so konnte er selbstbewusst dichten:

Ich bin Weltbewohner,
Bin Weimaraner;
Ich habe diesem edlen Kreis
Durch Bildung mich empfohlen,
Und wer es etwas besser weiß,
Der mags woanders holen.

Ein Fürstenknecht?

Das Europa der Literatur kennt seit dem Sturm auf die Bastille am 14. Juli 1789 nur noch die dreifache Devise: Freiheit, Gleichheit, Brüderlichkeit! Doch Goethe zeigt sich unbeeindruckt ...

Er lehnt die Französische Revolution ab: zu radikal, zu brutal, zu proletarisch. Schiller dagegen ist hellauf begeistert. Er übermittelt der Revolutionsregierung seine Solidarität und wird später sogar deren Ehrenbürger. Auch andere Dichter rufen die Deutschen auf, es den Franzosen nachzumachen.

Warum Goethe nicht? „Ich hasse jeden gewaltsamen Umsturz“, sagt er. Wenn die Regierungen „fortwährend gerecht“ wären und dem Volk „durch zeitgemäße Verbesserungen“ entgegenkämen, gäbe es keine Revolutionen, meint er und nimmt 1792 am Feldzug deutscher und österreichischer Monarchen gegen das revolutionäre Frankreich teil.

Das trägt ihm den Ruf eines „Fürstenknechts“ ein. Auch Schiller nannte ihn einen „Fürstendiener“; aber Goethe ist zeitlebens stolz darauf, einem Fürsten gedient zu haben, der seinerseits ein „Knecht des allgemeinen Besten“ gewesen sei. Dem von ihm geschätzten Herzog widmet er schon 1790 ein Gedicht, in dem er sich auch gegen den Vorwurf wehrt, er habe sich bestechen lassen:

Denn mir hat er gegeben, was Große selten gewähren,
Neigung, Muße, Vertraun, Felder und Garten und Haus.

Wenn alle Fürsten so wären,

Da wär' es ein Fest, Deutscher mit Deutschen zu sein.

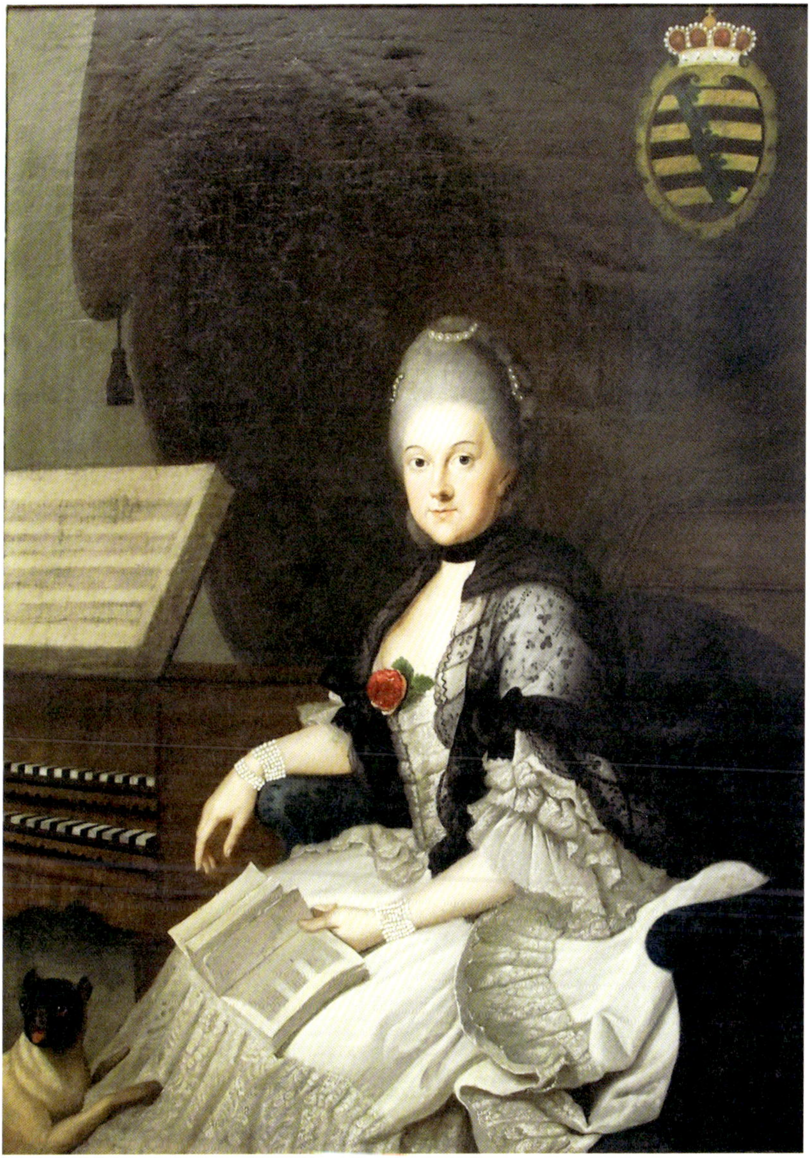

Bei solchen Fürsten lässt sich Knecht sein: Herzogin Anna Amalia, die Weimar zu einem Musenhof machen wollte (Gemälde von Johann Ernst Heinsius, 1780)

Da wohnte er immer!

Das hört jeder, der in Weimar herumgeführt wird: Goethe habe entweder am Frauenplan oder in seinem Gartenhaus an der Ilm gewohnt. Stimmt aber nicht!

Um Weimarer Bürger zu werden, braucht der neue Freund des Herzogs einen Wohnsitz. Der Landesherr bringt ihn zunächst und auf eigene Kosten im Gartenhaus am Stern unter – auch wenn Goethe das Grundstück, einen ehemaligen Weinberg, offiziell selbst kauft. Im April 1776 bezieht Goethe das Häuschen. In das repräsentative Haus am Frauenplan zieht der Herr Minister Goethe erst 1782 und zunächst als Mieter ein. Später schenkt ihm der Herzog auch dieses Haus. Hier nun – so steht es in den meisten Biografien – habe Goethe, wenn er in Weimar war, bis zum Ende seines Lebens gewohnt.

Wahr ist, dass er eine Zeitlang außerhalb Weimars Quartier nehmen musste. Der Grund ist sein Leben mit Christiane Vulpius: Sex zwischen Unverheirateten ist zwar am Fürstenhof gang und gäbe, den Untertanen jedoch verboten. Goethe aber zeigt sich ungeniert mit seinem Bettschatz! Und so zieht er mit der Hochschwangeren nach draußen ins „Jägerhaus“, wo Ende 1789 Söhnchen August zur Welt kommt. An den Frauenplan kehrt das Paar erst zurück, als der Herzog 1792 den Bann aufhebt.

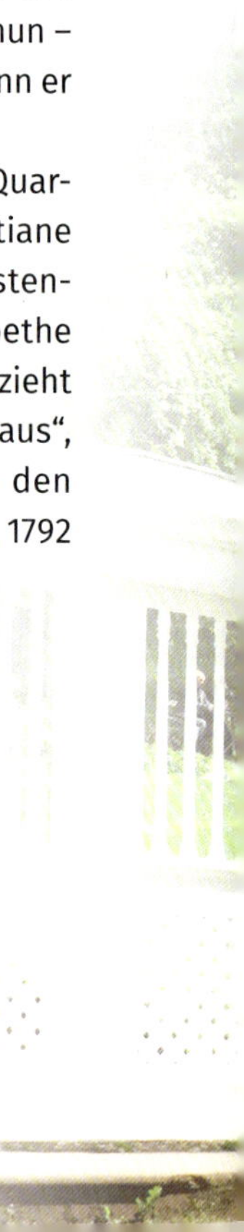

Weimarer Lebenswelten, dicht beieinander: das stolze Haus am Frauenplan und das idyllische Gartenhaus an der Ilm

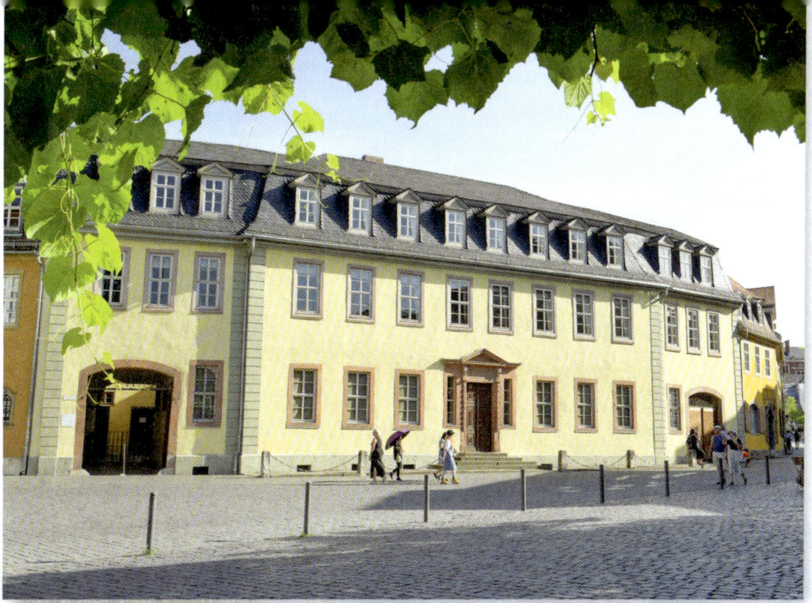

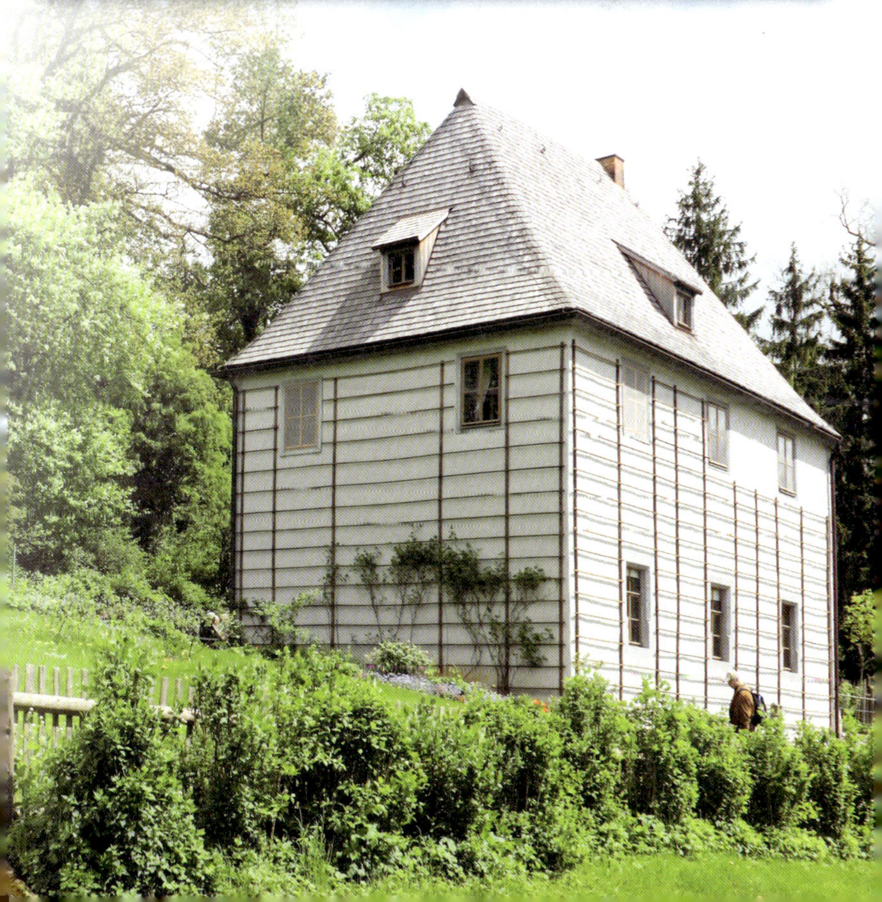

Unwillkommene Wallfahrer und eine „tollwütige Blutwurst“

Durch Goethes Ruhm wird aus dem kleinen Herzogtum Weimar ein Mekka für Künstler und Wissenschaftler. Besucher aus der ganzen Welt geben sich die Klinke in die Hand. Und Goethe ist leutselig. Meistens.

Was Goethe gar nicht leiden kann, sind zudringliche Gäste oder solche, die meinen, ihm widersprechen zu müssen. Ist er auch noch gesundheitlich angeschlagen, kann er einem Gast durchaus „erbärmlich steif und kalt“ vorkommen. So empfindet es etwa Gottfried August Bürger, bekannt als Autor der Geschichten vom Lügenbaron Münchhausen. Auch der junge Heinrich Heine, der gern mit Goethe über ein geplantes „Faust“-Drama gesprochen hätte, holt sich eine Abfuhr: „Haben Sie weiter keine Geschäfte in Weimar, Herr Heine?“ Zahlreiche schriftliche Eingaben und Bitten um Stellungnahme beantwortet Goethe entweder gar nicht oder abweisend. Darunter haben Dichterkollegen wie Heinrich von Kleist ebenso zu leiden wie Franz Schubert, dessen Vertonungen von Goethe-Gedichten der Bewunderte achtlos liegen lässt. Auch ehemalige Weggefährten kommen in der Hoffnung, Goethe werde sie unterstützen – nicht immer mit Erfolg. Jakob Michael Reinhold Lenz etwa hat schon deshalb verloren, weil er in schriller Kleidung in einer Hofgesellschaft erscheint. Goethe schämt sich wohl seiner und lässt ihn entfernen. Ein anderer Dichter, Zacharias Werner, wird ebenfalls davongeschickt. Er hat Goethe, der damals mit dem Katholizismus über Kreuz lag, mit einer Fantasie erzürnt: Der Mond gliche einer Hostie!

Eine Besucherin ist schon sehr speziell: Bettine (oder Bettina) Brentano, die nach ihrer Heirat von Arnim heißt. Die junge Dame, in deren Mutter Goethe einmal verliebt gewesen war, will partout den „größten lebenden Dichter“ kennenlernen – und taucht

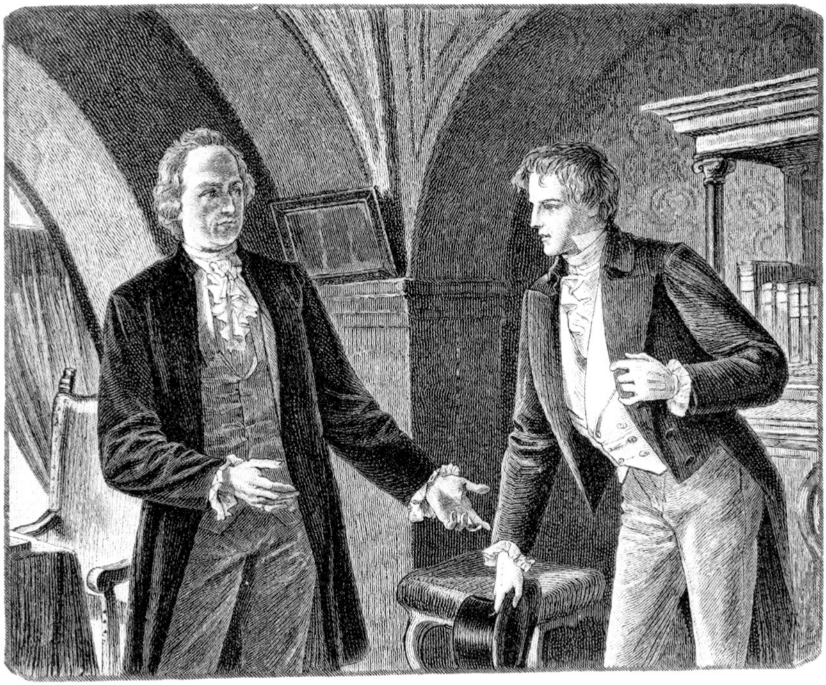

Heine bei Goethe in Weimar – aber am Frauenplan nicht willkommen
(Holzstich von Heinrich Dichter, 1824)

unangemeldet im Haus am Frauenplan auf. Dort setzt sie sich keck auf Goethes Schoß – und schläft ein. Unsympathisch ist sie Goethe aber nicht: Seinen „Wildfang" nennt er sie. Aber sie übertreibt ihre Zuneigung – und will sogar ein Kind von ihm! Da geht Goethe auf Distanz. Nach einem Handgemenge mit Christiane Vulpius, bei dem Bettine diese als „tollwütige Blutwurst" beschimpft, zieht Goethe den Schlussstrich – vorläufig. Jahre später, nach Christianes Tod, darf Bettine wiederkommen, benimmt sich aber erneut derartig daneben, dass Goethe endgültig mit ihr bricht.

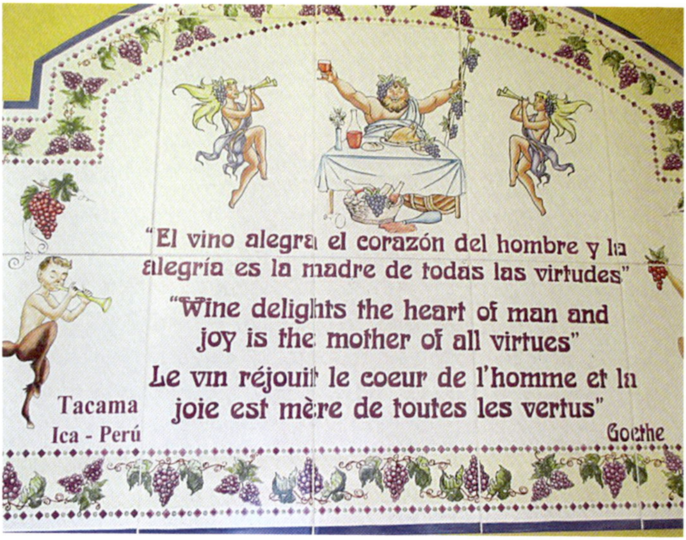

Wein ist nach Goethe die Mutter aller Tugenden. Das weiß man selbst in Peru, wo Alicia Solórzano, peruanisches Mitglied der Goethe-Gesellschaft Essen, dieses Schild entdeckt hat.

Lebensretter Wein

Goethe war Weinkenner und Weingenießer, viele launige Trinksprüche zeugen davon. Was aber kaum jemand weiß: Er hat dem Wein sein Leben zu verdanken.

Bei seiner Geburt ist er blauschwarz verfärbt und zeigt keine Lebenszeichen. Die zupackende Hebamme badet ihn daraufhin in einem Trog mit warmem Wein – das Kind ist gerettet! Das Wohlsein beim Wein erscheint nach dieser Erfahrung verständlich, auch wenn die Ärzte dem älteren Goethe oft raten, er solle doch lieber Wasser oder Schwarzbier trinken.

In Goethes Frankfurter Geburtshaus am Hirschgraben besaß schon der Vater einen gut gefüllten Weinkeller. Kein Wunder: Der Wohlstand der Familie verdankte sich unter anderem einer Weinhandlung, die der Großvater neben seinem Gasthaus betrieb, und in einem kleinen Weingarten vor den Toren der Stadt soll schon der kleine Johann Wolfgang den Umgang mit Rebstöcken gelernt haben.

In Weimar Hof haltend lässt er dann später Weine von insgesamt 40 europäischen Händlern liefern. Welche Sorten und Lagen er bevorzugte, weiß man dank erhaltener Rechnungen sehr genau: Der Würzburger Stein gehörte genauso dazu wie einige Rheingau-Rieslinge. Goethes Weinkonsum ist beträchtlich: Am Mittag hat er meist schon eine „Bouteille“ geleert.

Einen Bruder im Geiste entdeckt Goethe im persischen Dichter Hafis, dessen Werke ihn zu seinem „West-östlichen Divan“ inspirieren. Teil dieser Gedichtsammlung ist das „Schenkenbuch“. Darin zeigt Goethe, bei aller Sympathie für den Islam – wie Hafis vor ihm – keinerlei Verständnis für ein Alkoholverbot!

Der Wein ist Goethe Genussmittel und Anregung zugleich. „Andere schlafen ihren Rausch aus, bei mir steht er auf dem Papier.“ Seine zahlreichen Trinklieder sind allerdings meist leicht dahin geworfene Gelegenheitsgedichte, gern verknüpft mit dem Mega-Thema Liebe, so etwa:

„Ein Mädchen und ein Gläschen Wein, / Die lindern alle Not, / Und wer nicht küsst und wer nicht trinkt, / der ist schon lange tot!“

Oder, noch drastischer:

„Ohne Wein und ohne Weiber / Hol der Teufel unsre Leiber!“

Selbst an seinem Todestag hat Goethe noch ein Gläschen Wein getrunken. Wein also am Anfang und am Ende ...

Arschgesicht!

Manche Menschen gingen Goethe total auf die Nerven. Besonders Kritiker und Konkurrenten strafte er gern mit Worten ab. Bezeichnungen wie „Schuft“ und „Lump“ waren da noch harmlos. Einen seiner Gegenspieler bezeichnete er sogar als „Arschgesicht“.

Goethes größter literarischer Erfolg, der Briefroman „Die Leiden des jungen Werther“, hatte nicht nur stürmischen Beifall, sondern auch heftige Kritik gefunden. Einer der Kritiker war Friedrich Nicolai, der sich der Aufklärung verpflichtet fühlte und breitere Schichten an Bildung heranführen wollte – mit Vernunft und Sachlichkeit bitteschön! Eine von Emotionen überquellende Schrift wie der „Werther“ musste dem Mann missfallen. Nicolai schrieb eine Art Parodie, in der die Leiden zu Freuden werden und Werthers Selbstmord ein Versuch bleibt, weil der Konkurrent um die Gunst der angebeteten Lotte die Pistole mit Ochsenblut gefüllt hat. Goethe reagierte mit der Veröffentlichung eines Gedichtes in Fäkalsprache: „Nicolai auf Werthers Grab“:

Ein junger Mensch, ich weiß nicht wie,
Starb einst an der Hypochondrie
Und ward denn auch begraben.
Da kam ein schöner Geist herbei,
Der hatte seinen Stuhlgang frei,
Wie's denn so Leute haben.
Der setzt' notdürftig sich aufs Grab
Und legte da sein Häuflein ab,
Beschaute freundlich seinen Dreck,
Ging wohleratmet wieder weg
Und sprach zu sich bedächtiglich:
„Der gute Mensch, wie hat er sich verdorben!
Hätt er geschissen so wie ich,
Er wäre nicht gestorben!“

Literarisch verfeinert, aber gleichwohl fäkal, geht es mit Blick auf Nicolai sogar im „Faust“ zu. Goethe hatte nämlich gehört, dass Nicolai – Aufklärung hin oder her – ein Mittel gegen Geistererscheinungen (!) propagierte: Blutegel an den Hintern setzen. In seiner Walpurgisnacht lässt Goethe deshalb nicht nur Hexen um den Blocksberg tanzen, sondern auch einen „Proktophantasmisten“ zu Wort kommen. Der „Steißgeisterseher“ beschwert sich, dass die Geister trotz Aufklärung immer noch da seien:

> **Ihr seid noch immer da! Nein, das ist unerhört**
> **Verschwindet doch! Wir haben ja aufgeklärt!**
> **Das Teufelspack, es fragt nach keiner Regel.**
> **Wir sind so klug, und dennoch spukt's in Tegel.**

Worauf Mephistopheles meint: „… wenn sich Blutegel an seinem Steiß ergötzen, / Ist er von Geistern und von Geist befreit.“

Drastisch ging Goethe auch mit Zeitgenossen ins Gericht, die ihm zu nahekamen: August von Kotzebue glaubte dem Geheimrat wegen seines Erfolgs als Schriftsteller ebenbürtig zu sein. Nachdem Goethe den Konkurrenten wiederholt zurückgewiesen hatte, schmiedete der einen Plan, der Goethe brüskieren sollte: Eine Huldigungsfeier für Schiller sollte her, mit allem Pomp! Goethe erfuhr davon und sorgte dafür, dass der Bürgermeister den Saal sperrte. Da standen dann Kotzebue und alle geladenen Gäste vor verschlossenen Türen.
Auch in späteren Jahren verfolgte Goethe Kotzebues Treiben mit Argwohn und zeigte sogar Verständnis, als Studenten dessen Schriften beim Wartburgfest 1817 verbrannten. Erst nach dem gewaltsamen Tod des Ungeliebten urteilte er etwas milder. Kotzebue blieb für ihn aber immer eine „gewisse Nullität“.

AHA!

War Goethe schwul?

Goethe, sein Leben lang von Frauen umschwärmt und selbst oft in leidenschaftlicher Liebe zu Frauen entbrannt – war er in Wahrheit homosexuell? Oder vielleicht bi?

Zunächst: Den Begriff „homosexuell" kannte man zu Goethes Zeiten noch gar nicht, genauso wenig wie „schwul" oder „lesbisch". Das heißt natürlich nicht, dass es keine gleichgeschlechtliche Liebe gab, auch wenn sie allgemein als krank oder gar abartig angesehen wurde. Goethe lässt sie in seinen Werken aber durchaus vorkommen, etwa wenn er Mephisto in „Faust II" den (männlichen) Engeln lüstern hinterherblicken lässt: „Die Racker sind doch gar zu appetitlich!", heißt es da.

Die allgemeine Begeisterung für die Antike war dabei, die gleichgeschlechtliche Liebe – etwa zwischen Knaben oder einem Lehrer und seinem Zögling – unter der Bezeichnung „griechische Liebe" vom Makel des Schmutzigen zu befreien. Von dem Fresco mit dem Titel „Jupiter küsst Ganymed" war Goethe so begeistert, dass er ein Gedicht dazu schrieb:

Ach, an deinem Busen
Lieg ich, schmachte,
Und deine Blumen, dein Gras
Drängen sich an mein Herz.
Du kühlst den brennenden
Durst meines Busens,
Lieblicher Morgenwind …

Die schwülstigen Worte passen zum Zeitgeist, der die Nähe zur Natur und die Verbundenheit mit dem Göttlichen nicht genug preisen kann. Ähnlich übrigens wie die Freundschaft. Wie heißt es doch in Schillers „Ode an die Freude": „Wem der große Wurf gelungen, eines Freundes Freund zu sein …". Bei Schiller ist das eine klare Huldigung an platonische Männerfreundschaften. Aber was ist von den folgenden Goethe-Versen zu halten? „Knaben liebt ich wohl auch, doch lieber sind mir die Mädchen, / Hab' ich als Mädchen sie satt, dient sie als Knabe mir noch." Wir wissen es nicht; das lyrische „Ich" muss schließlich nicht mit dem Verfasser identisch sein. Halten wir es also mit diesen Zeilen aus Goethes Gedicht „Beherzigung":

Eines schickt sich nicht für alle!
Sehe jeder, wie er's treibe,
Sehe jeder, wo er bleibe,
Und wer steht, dass er nicht falle!

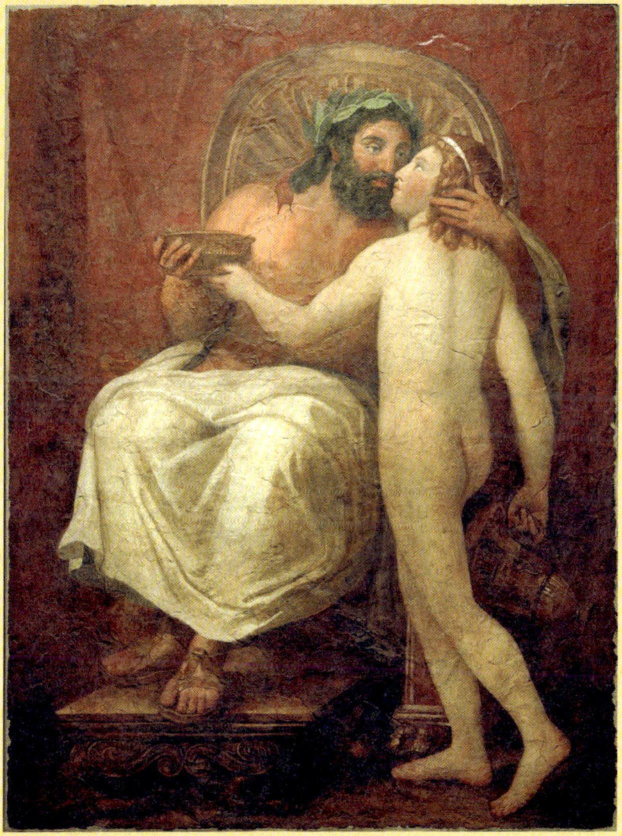

„Jupiter und Ganymed", Gemälde von Anton Raphael Mengs, 1758/1759

Der Augenmensch

„Werther“, „Faust“ und unzählige wunderbare Gedichte: Viele halten Goethe für den größten deutschen Dichter. Doch er selbst hielt sein literarisches Schaffen gar nicht für seine größte Leistung.

Auf seine Dichtungen bilde er sich gar nichts ein, gestand er seinem Sekretär Eckermann. „In der schwierigen Wissenschaft der Farbenlehre“ jedoch glaube er, „das Rechte“ zu wissen! Vier Jahrzehnte lang hat Goethe sich mit Farben befasst und seine Erkenntnisse in der 1810 erschienenen „Farbenlehre“ auf 2000 Seiten zusammengetragen. „Das Rechte“? Der Ausdruck zielt auf Newton und dessen physikalische Betrachtung des Lichts. Anders als dem berühmten Engländer geht es Goethe nämlich weniger um die Lichtbrechung und das Entstehen von Spektralfarben, sondern darum, wie Farben auf den Betrachter wirken. Ein psychologischer Ansatz also.

Goethe war ein Augenmensch. Von allen Sinnen war ihm das Sehen der wichtigste. Den Zuhörern seiner Mittwochsgesellschaft versucht er seine Farbenlehre aber mit einem Vergleich aus dem Hören nahezubringen: So wie das Ohr eine Harmonie von Tönen, so verlange das Auge die Harmonie von Farben.

Warum sprechen wir von warmen oder kalten Farben, wo Farben doch nicht in Grad gemessen werden können? Warum steht Rot für Gefahr? Wieso ist man einem Menschen grün? Solche Zuordnungen, von Goethe „sinnlich-sittliche Wirkungen“ genannt, gehen weit über das rein Physikalische hinaus. Seinen berühmten Farbkreis stellte er aus „reinen“ und „Komplementärfarben“ zusammen und ordnete ihnen Eigenschaften zu. In den Naturwissenschaften spielt Goethes Farbtheorie heute keine Rolle mehr; aber Begründer der modernen Farbpsychologie ist er allemal. Und sein Farbkreis bleibt faszinierend. Als eine junge Gartenarchitektin ihn vor einigen Jahren für ein Gartenfestival in Schleswig-Holstein mit Staudenpflanzen nachbildete, trug ihr

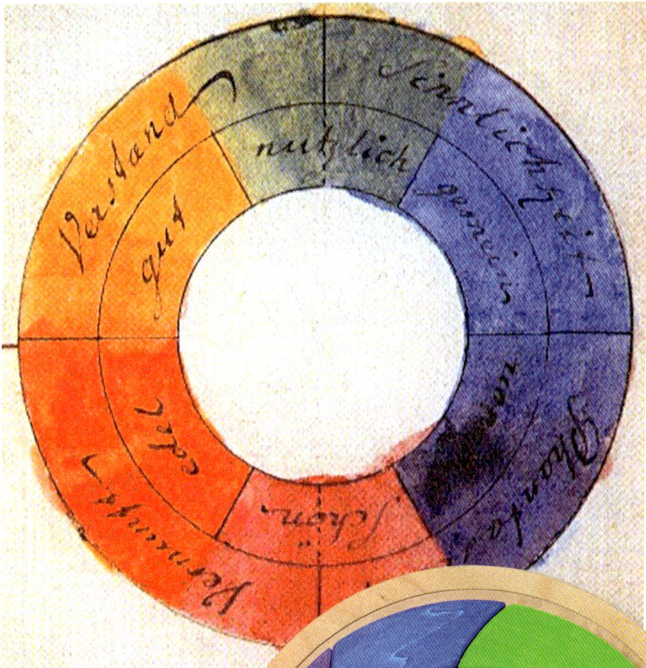

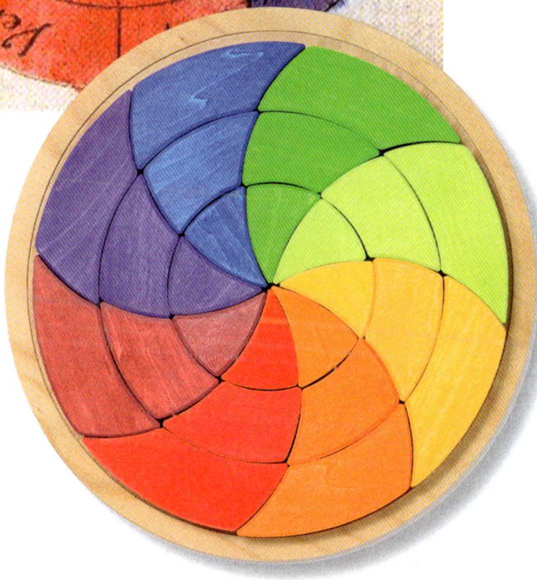

das den ersten Preis ein! Es gibt den Farbkreis aber auch als Schmuckstück, Schlüsselanhänger, Mousepad – und sogar als farbenfrohes Holzpuzzle für Kinder.

Der Dilettant

Goethe war ein Multitalent. Und so gibt es auch viele Zeichnungen von seiner Hand. Zu mehr als 2600 Darstellungen hat er sich inspirieren lassen, auch wenn er sich selbst auf diesem Gebiet für einen Dilettanten hielt.

Bis zu der Erkenntnis hat es allerdings ein wenig gedauert. Noch seine Reise nach Italien tritt der schon lange als Dichter berühmte 37-Jährige als „deutscher Maler“ an. Schon das Kind hatten die Stiche italienischer Landschaften an den Wänden des Frankfurter Elternhauses begeistert. Da wollte er auch gern einmal hin, und so würde er auch gern einmal „malen“ können. Das Glück spielt ihm sogar in die Karten, als sich nach der Besetzung Frankfurts durch die Franzosen 1759 ein kunstsinniger Leutnant bei Goethens einquartiert und Künstler in Wölfchens Kinderzimmer malen lässt. An Gelegenheit, sich etwas abzuschauen, fehlt es also nicht, und privaten Zeichenunterricht bekommt der Junge obendrein.

An Fleiß lässt er es nicht fehlen; aber so richtig zufrieden mit den Ergebnissen ist schon der Teenie nicht; aus Angst, ein Bild zu verderben, vermeidet er Kontraste. Selbst da, wo er ein Sujet liebt, wie beim Porträt seiner Schwester Cornelia, ist es zwar präzise beobachtet, aber hat kein Herz. Die Technik der Radierung, die er wenig später als Student in Leipzig lernt, kommt ihm da entgegen; aber Meisterwerke entstehen auch dort nicht.

Neuer Anlauf also als „pittore tedesco“ in Italien. Seine Briefe von dort klingen eher wie die eines Malers als eines Dichters, und in Rom wohnt er auch bei seinem Landsmann Tischbein, dem Maler des berühmten Goethe-Porträts (s. Seite 37) und begleitet die damals gefragteste Malerin Europas, Angelika Kauffmann, in die Museen. Aber obwohl er sich in der Künstler-WG in der Via del Corso geradezu kannibalisch wohl fühlt, versucht er sein Maler-Glück noch einmal und unter ähnlich günstigen Umständen in

Sizilien, nur um am Ende festzustellen, „daß ich eigentlich zur Dichtkunst geboren bin". Noch mit 70 wird er bekennen, „daß ich kein Talent zur bildenden Kunst habe".

Was ihn aber nicht daran gehindert hat, die Gründung einer Freien Malschule in Weimar nach Kräften zu fördern, dort auch selbst samt Sohn August Unterricht zu nehmen und sich auch sonst ein Leben lang mit der Bildenden Kunst zu beschäftigen. Keine Strömung, die ihm da entging. Und so ist es kein Wunder, dass er Caspar David Friedrich, von dessen Art, „die Luft" zu malen, die Welt auch damals gerade hingerissen war, trotz ansonsten vorherrschenden Missvergnügens beim Betrachten von Friedrichs Werken den Auftrag übermitteln ließ, die von ihm, Goethe, analysierten drei grundsätzlichen Wolkenformen (Cumulus, Cirrus, Stratus) zu Studienzwecken in einem Gemälde zu versammeln .

Es spricht für den großen Romantiker Friedrich, dass er diesen Auftrag des großen Dichters zurückweist. Er mag seine Bilder sorgfältig konstruiert haben; aber einer solchen Ordnung mag er den Himmel nicht unterwerfen.

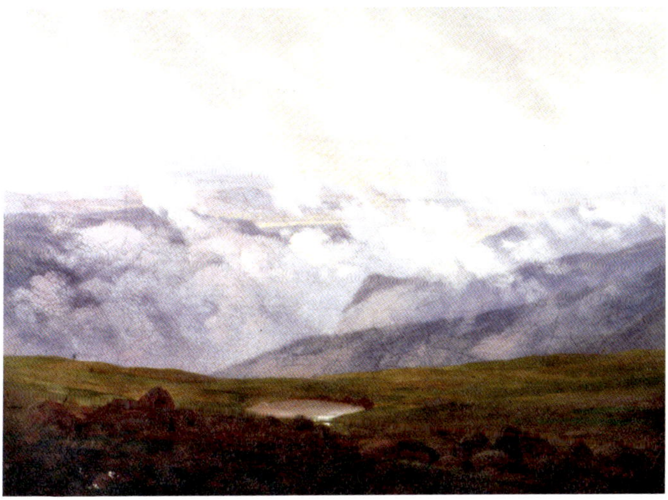

Caspar David Friedrich (hier: „Ziehende Wolken") lehnte Goethes Auftrag ab.

Was für ein Mann!

1808 kommt es zu einer denkwürdigen Begegnung: Napoleon lässt Goethe bitten! Ganz Europa hat der französische Kaiser bekriegt, die preußische Armee vernichtend geschlagen. Nun hält er Hof in Erfurt.

Was mag Goethe erwartet haben? Napoleons Soldaten waren schließlich auch in sein Haus in Weimar eingedrungen, dessen Plünderung nur seine beherzte Christiane verhindert hat!

Aber siehe da! Napoleon ist jovial. „Voilà, un homme!“, ruft er bei Goethes Eintreten, „Was für ein Mann!“ Und er will sich auch gar nicht über Staatsdinge unterhalten, sondern über den „Werther“! Sieben Mal habe er ihn schon gelesen!

Goethe ist angetan von Napoleon. Nicht wegen dessen militärischen Taten, sondern weil er die Französische Revolution überwunden, die Ordnung wiederhergestellt und den Bürgern im „Code Napoléon“ Rechte verschafft hat. Ja, und dann ist er auch noch den Künsten zugetan!

Den Orden der französischen Ehrenlegion, den Goethe anderntags verliehen bekommt, wird er fortan zu allen offiziellen Anlässen tragen. Der nationalistischen Stimmung, die zu den Befreiungskriegen und 1815 schließlich zum Sturz Napoleons führen sollten, mag er sich nicht anschließen. Als der „Wiener Kongress“ daraufhin die alten feudalen Verhältnisse wiederherstellt, gilt Goethe den jungen Menschen der Zeit als Reaktionär.

Tut man ihm Unrecht? Als Minister war Goethe ja auch verantwortlich für die Universität in Jena. Als deren Studenten 1817 auf die Wartburg ziehen, um für die Demokratie zu demonstrieren, zeigt Goethe Verständnis für sie. Zumindest im privaten Gespräch nennt er sie seine „lieben Brauseköpfe“. Es könne doch nichts Schöneres geben, „als wenn die Jugend aus allen Weltgegenden zusammenkäme, um sich fester für das Gute zu verbünden.“ Voilà – un homme!

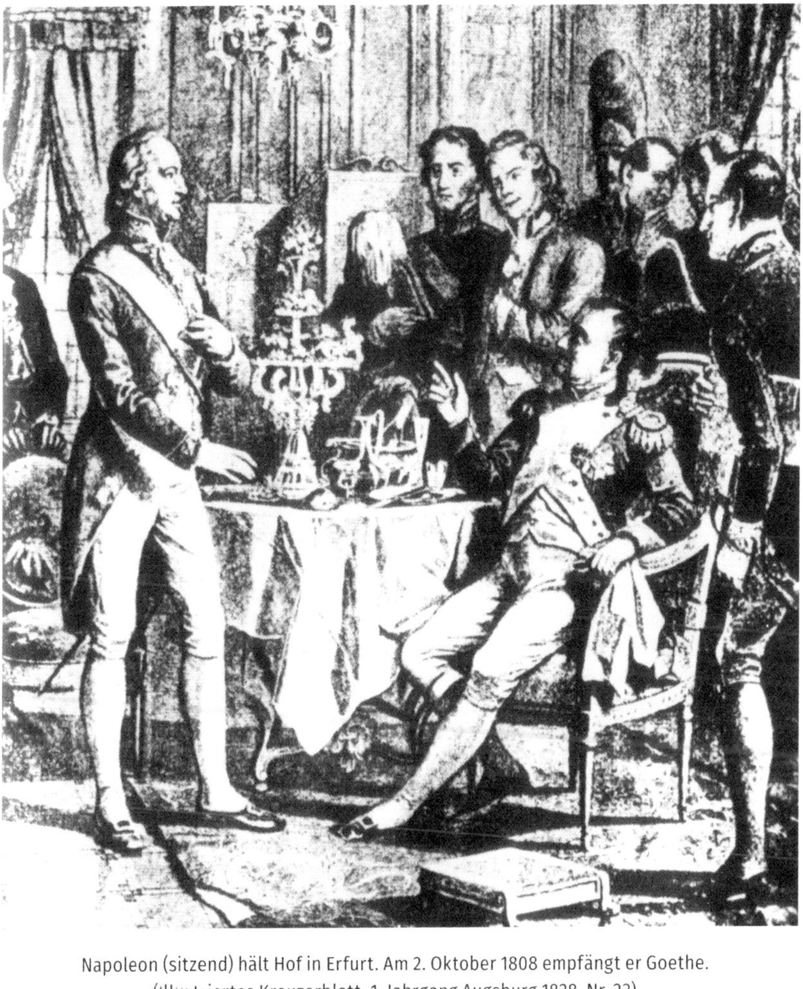

Napoleon (sitzend) hält Hof in Erfurt. Am 2. Oktober 1808 empfängt er Goethe.
(Illustriertes Kreuzerblatt, 1. Jahrgang Augsburg 1828, Nr. 23)

So ein Knochen!

Goethe ist schon über 30, als er noch einmal freiwillig studieren geht. Da sitzt er nun im Hörsaal des Anatomischen Instituts der Universität Jena – wegen eines Knochens!

Mit der Leitung der Universität, die zu seinen dienstlichen Aufgaben gehört, hat das nicht das Geringste zu tun. Nein, Goethe interessiert sich für Knochen und speziell für einen, den es nach allgemeiner Überzeugung beim Menschen gar nicht gibt: den Zwischenkieferknochen. Goethes Zweifel daran sind brisant für eine andere Disziplin: die Theologie. Für sie ist der Mensch mehr als ein hoch entwickeltes Säugetier. Er hat eine Sonderstellung, ist die Krone der Schöpfung! Die Naturwissenschaftler sind schon lange anderer Auffassung: Zu groß sind die Gemeinsamkeiten zwischen Tier und Mensch, als dass man an einer Verwandtschaft zweifeln könnte. Allerdings: Alle Wirbeltiere haben im Oberkiefer einen dreieckigen Knochen, den sogenannten Zwischenkieferknochen – nur der Mensch nicht!

In der Vorlesung des Anatomen Loder, die Goethe besucht, werden erstmals auch Embryonenschädel untersucht. Und siehe da: Jener Knochen ist in diesem Frühstadium noch da, verwächst danach aber mit dem Oberkiefer. Es gibt ihn also doch! Goethe ist fasziniert: Er hat den Beweis, dass auch der Mensch ein Wirbeltier ist! Er überzeugt auch Loder, der die Tragweite der Entdeckung noch gar nicht erkannt hat, und teilt das Ergebnis seinem Freund Herder mit: „Ich habe etwas gefunden, das ist wie der Schlußstein zum Menschen." Er schreibt einen Aufsatz und reicht 1784 einen Sonderdruck bei der Akademie ein. Aber die Fachwelt lehnt ab. Enttäuscht legt Goethe das Thema beiseite und greift es erst 1820 wieder auf. Und dann dauert es noch einmal elf Jahre, bis die Kaiserliche Akademie „Leopoldina" Goethe recht gibt.

Als „Knochen“ gilt uns in der Umgangssprache ein Mensch, der niemals aufgibt. So einer ist Goethe: Das Beispiel zeigt, wie er ein Leben lang an einem Thema bleibt. Es zeigt aber auch, dass die Natur für ihn eine Einheit ist und der Mensch Teil der Natur. Und es wird deutlich, wie schwer die Naturwissenschaft es hatte, sich gegen vorgefasste Meinungen durchzusetzen. Kopernikus lässt grüßen!

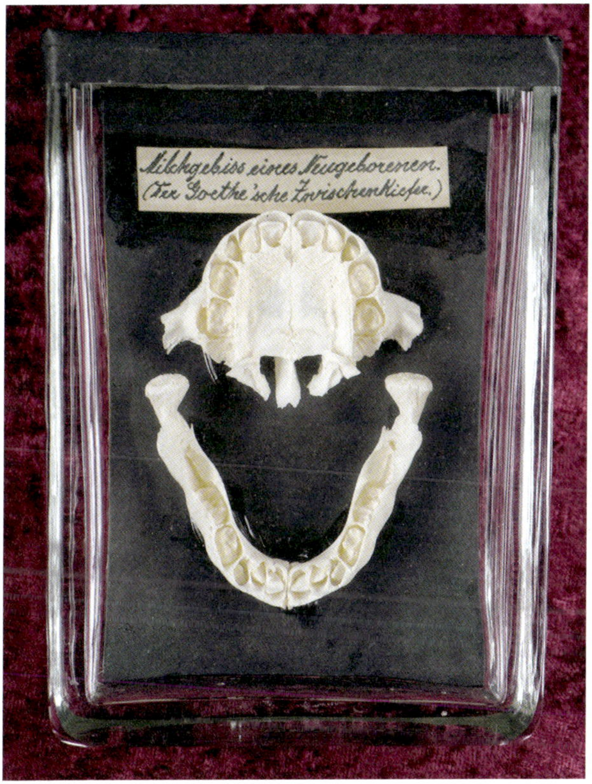

Das Milchgebiss eines Neugeborenen aus der Anatomischen Sammlung der Friedrich-Schiller-Universität Jena, die 1804 durch Goethe eine Neugründung erfuhr. Am Präparat gut zu erkennen: der so genannte „Goethe'sche Zwischenkieferknochen“, von Goethe bei seinen intensiven morphologisch-anatomischen Studien am menschlichen Schädel entdeckt.

Körperlich begabt

Nie, so Leibarzt Hufeland, sei ihm ein Mensch begegnet, der „körperlich und geistig in so hohem Grade vom Himmel begabt" gewesen sei wie Goethe.

Einspruch, Herr Doktor! Zumindest was das Körperliche angeht! Goethe war nämlich keineswegs ein durch und durch gesunder Mensch. Fünfmal mindestens muss er lebensgefährliche Krisen überstehen. Zu Goethes ernstzunehmenden Krankheiten zählen Gehirnhautentzündung, Angina pectoris, Herzinfarkt und Lungenblutsturz. Auch psychische Leiden sind ihm nicht fremd: Es gibt Phasen der Melancholie und Hypochondrie, in denen er der Umwelt „grämlich" erscheint. Dass er ein für seine Zeit geradezu sensationell hohes Alter erreicht, erscheint vielen Zeitgenossen wie ein Wunder.

Goethe hat selbst viel dafür getan. Vor allem hat er sich selbst nie aufgegeben. So ist er ist ein heftiger Gegner des Rauchens. Von den Heilwässern aus Karlsbad und Marienbad bestellt er Unmengen. Zu seiner körperlichen Fitness trägt sein Schwimmen in der kalten Ilm ebenso bei wie das Schlittschuhlaufen auf der Saale. Mäßigung und Verzicht aus Vernunft lautet bis ins Alter seine Devise. Denn, so seine Überzeugung: „Das Geschöpf, das falsch lebt, wird früh zerstört." Wie viele seiner Zeitgenossen hält er die Rücksichtnahme auf die eigene Gesundheit für eine geradezu moralische Pflicht: Es gelte, sich zu beherrschen.

So genau hält er es dann aber doch nicht mit den Prinzipien. Zwar hatte Hufeland in seinem Buch „Die Kunst, das Leben zu verlängern" geschrieben, „allzu fleißiges" Trinken von Wein und Likör sei dazu geeignet, „den Körper auszutrocknen und kraftlos zu machen". Und auch davor, seine „Zeugungskräfte" allzu ausgiebig zu verschwenden, hatte der Leibarzt gewarnt. Doch weder beim Verzicht auf Wein noch mit Zurückhaltung beim Sex ist Goethe ihm gefolgt – jedenfalls nicht in den Jahrzehnten mit seiner Christiane.

Er hatte schließlich selbst schwerste Erkrankungen überstanden und kommt deshalb zu dem Schluss: „Krankheiten, wenn sie glücklich vorübergehen, bringen mehr Nutzen als Schaden." Keine Entwicklung ohne Krisen – so sah er das wohl.

Doch auch ein „körperlich Begabter" wie Goethe muss irgendwann sterben. Bei einer der Umbettungen seiner Überreste wurde auch sein Schädel untersucht. Man muss kein Zahnarzt sein, um bei Betrachtung des Gebisses zu ahnen, unter welchen Zahnschmerzen der Ärmste gelitten haben muss ...

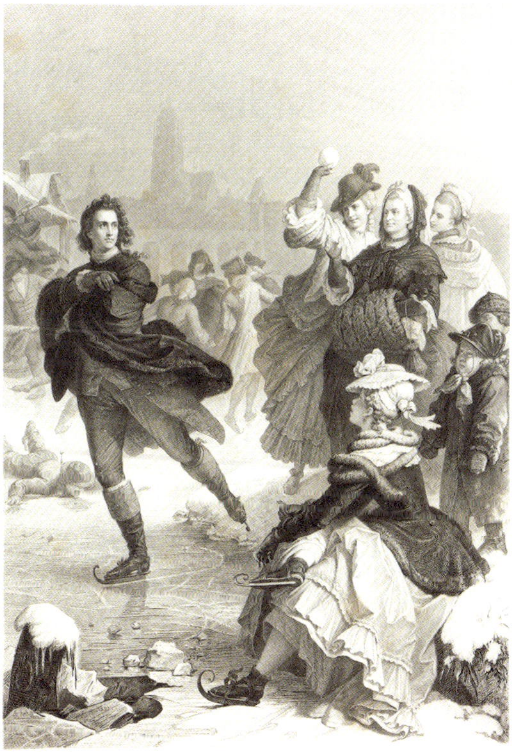

Die Frauenherzen fliegen ihm zu: der sportliche junge Goethe beim Schlittschuhlaufen auf dem Main in seiner Heimatstadt Frankfurt.

Goethes Pudel

Boris Becker hat einmal auf die Frage nach seiner liebsten Freizeitlektüre geantwortet: „Goethes Gespräche mit Eckermann".

Bei seiner Antwort hat der Tennisstar zwar mit den Augen gezwinkert; aber in guter Gesellschaft befände er sich allemal, denn auch andere Berühmtheiten, etwa Friedrich Nietzsche, haben die „Gespräche" zu ihrem Lieblingsbuch erklärt. Um der Wahrheit die Ehre zu geben, heißt das Buch, um das es geht, nicht „Goethes Gespräche mit Eckermann", sondern „Gespräche mit Goethe in den letzten Jahren seines Lebens". Sein Autor: Johann Peter Eckermann. Erschienen ist es nach Goethes Tod in drei Bänden 1836–1848.

Der aus bescheidenen Verhältnissen stammende Eckermann hatte sich mehrfach Goethe angeboten, bevor der ihn schließlich für die Redaktion seiner Papiere anstellte. Bald wurde er ihm als Mitarbeiter unentbehrlich. Anständig bezahlt hat er ihn aber nicht, und er verbot ihm sogar zwölf Jahre lang, sich zu verheiraten! Da Eckermann sich das gefallen ließ, galt er in Weimar bald als „Goethes Pudel". Der Spott ließ selbst nach Goethes Tod nicht nach. Dennoch: Mit dem Titel des Buches, seinen, Eckermanns, Gesprächen mit Goethe, hat sich der demütige und unterwürfige Mann auf subtile Weise aus dem Schatten des übermächtigen Dichterfürsten begeben – und hat es zu bleibendem Ruhm gebracht.

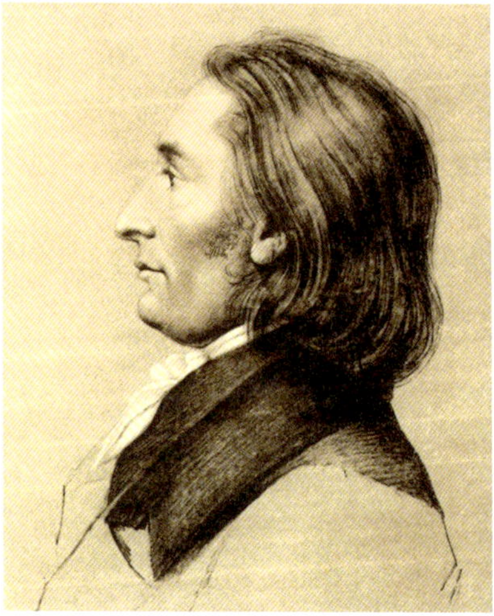

Goethes treuer Eckermann

Göttlicher Goethe

Schon zu Goethes Lebzeiten behaupteten Spötter, der Geheimrat habe keine Einwände, wenn man seinen Namen mit Gott in Verbindung bringe. Wenn das so war, dann hatte er allerdings nicht ganz unrecht ...

Der Name leitet sich ab von mittelhochdeutsch gote (auch: gotte, göte, götte) für „Pate“. Gote ist eine Abkürzung von gotfater bzw. gotmuoter, also „Vater“ bzw. „Mutter in Gott“. Im Englischen heißen Pate und Patin heute noch so: godfather und godmother. Und in der badischen Mundart und im Schweizerdeutschen ist der Patenonkel der „Götti“ und die Patentante die „Gotti“.

Goethes Vorfahren schrieben sich mit „ö“. Großvater Friedrich Georg setzte allerdings einen Akzent obendrauf: Göthé. Der Mann war nämlich nicht nur Gastwirt, sondern auch Damenschneider, und hielt den französischen Accent aigu samt Betonung auf der zweiten Silbe wohl für chic. Sein Sohn jedoch, Johann Caspar, fand die Schreibweise albern und änderte sie ab in die uns vertraute.

Anlass zum Schmunzeln kann auch die Aussprache des Namens „Goethe“ geben. Native speakers des Englischen drängt sich ein „th“ wie in Gothic auf – auch wenn ein Deutschlehrbuch ausdrücklich darauf hinweist, das „h“ hinter dem „t“ sei hier ein „stummer Konsonant“. Man möge den Namen doch bitte sprechen wie in „Göteborg“! Doch ach, die schwedische Stadt heißt auf Englisch Gothenburg!

Und die Franzosen? Gut, dass der Göthé-Großvater das nicht hört: Sie verschlucken das Schluss-E und sagen „Gött“. Da sind ja die Chinesen mit „Ge de“ noch näher dran ...

Beinahe ein Skandal

Aufruhr in Weimar: Goethe, inzwischen 73 und verwitwet, will neu heiraten! Und die Auserwählte ist gerade mal 19! Sohn August macht ihm eine Szene, Schwiegertochter Ottilie verfällt in Krämpfe.

Gegenstand seiner Liebe ist Ulrike von Levetzow, die er zwei Jahre zuvor, 1821, bei einer Kur im böhmischen Marienbad kennengelernt hat. Bei der Mutter um ihre Hand angehalten hat für ihn sein ebenfalls in Marienbad kurender Freund, der Großherzog Carl August. Der Heiratsantrag verheißt der Tochter eine glänzende Zukunft: Die „erste Dame in Weimar" solle sie werden und für den Fall, dass er vor ihr sterben sollte (!), fürstlich leben.

Und Ulrike? Sie kommt gerade aus einem französischen Internat. Dass der alte Herr, mit dem man sich so geistreich unterhalten kann, ein berühmter Dichter ist, hat sie nicht gewusst, lässt sich aber bereitwillig von ihm aus seinen Werken vorlesen. Man besucht auch gemeinsam Bälle und Gesellschaften. Die junge Frau, vaterlos aufgewachsen, genießt den Umgang mit dem Mann, der ihr Großvater hätte sein können. Manches, etwa seine Vorliebe für Mineralien, findet sie wohl etwas seltsam; er merkt es – und versteckt eine Überraschung in seiner Steinesammlung: eine Tafel Schokolade!

Überrascht muss auch Ulrikes Mutter Amalie gewesen sein – über den Antrag. Sie kennt den Geheimrat aus einer Begegnung von 1806, als Goethe eine schwärmerische Zuneigung zu ihr gefasst hatte. Und jetzt die Tochter? Ulrike schwankt, und Amalie redet ihr die Sache nicht aus, beschließt aber abzureisen, ohne Goethe Bescheid zu geben. Er weiß: Es ist ein Abschied für immer – und schreibt schon während seiner Heimfahrt in der Kutsche seine „Marienbader Elegie".

Ulrike hat Goethe um 67 Jahre überlebt. Sie hat nie geheiratet – und angeblich 14 Ehekandidaten abgewiesen. Der zunehmende

Goethekult nervte sie so, dass sie eine Liebesbeziehung leugnete. Aber in ihrem Wohn- und Sterbezimmer stand eine Büste Goethes und an der Wand hing eine Porträtzeichnung von ihm. Ein Sträußchen Vergissmeinnicht mit seiner Widmung hat sie auch aufgehoben. Auf einem Zettelchen steht: „Keine Liebschaft war es nicht." Wie war das noch: doppelte Verneinung = Bejahung?

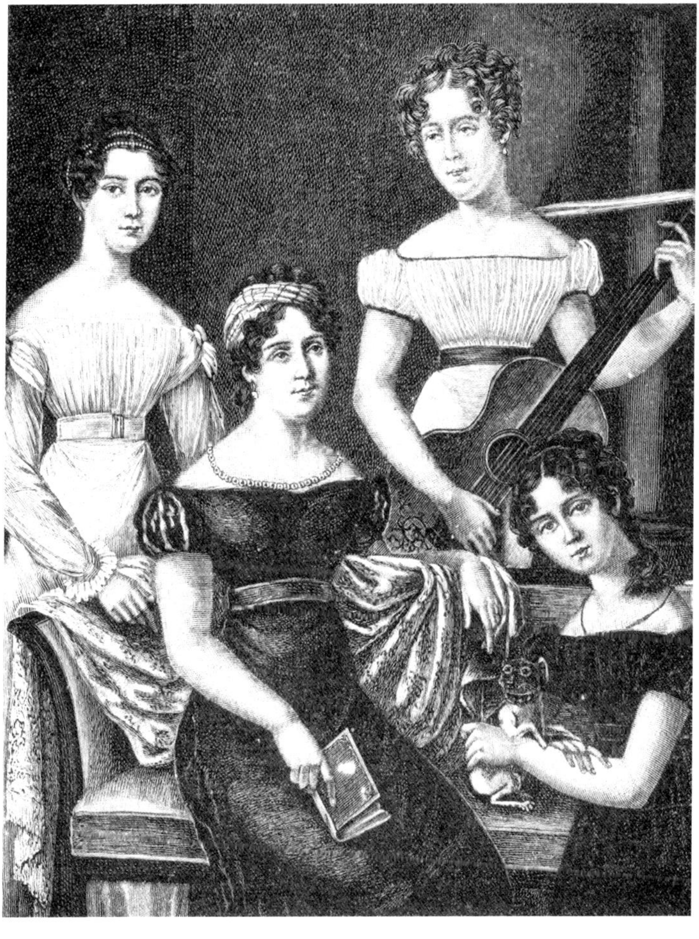

Ulrike von Levetzow (rechts stehend) mit Mutter und Schwestern, Holzstich

His Greatest Hits

Goethe selbst glaubte zwar, vor allem als Naturwissenschaftler in Erinnerung zu bleiben. Doch für uns ist er Dichter – vielleicht sogar der größte deutsche Dichter. Ein Überblick über seine größten Werke.

Populär sind viele seiner Gedichte, wohl auch wegen der zahlreichen Vertonungen: „Wandrers Nachtlied“, „Mignon“, „Gefunden“, das Heideröslein ... Und natürlich seine Balladen, vor allem der „Erlkönig“, aber auch „Der Zauberlehrling“ oder „Der Fischer“.

Aber seine dramatischen und erzählenden Werke? Wir wagen eine Hitliste – natürlich nicht nach der Qualität (wer wollte sich das anmaßen!), sondern nach dem Stellenwert in seinem Gesamtwerk. Hier also die Top Five: zwei Romane, zwei Dramen und eine Gedichtsammlung.

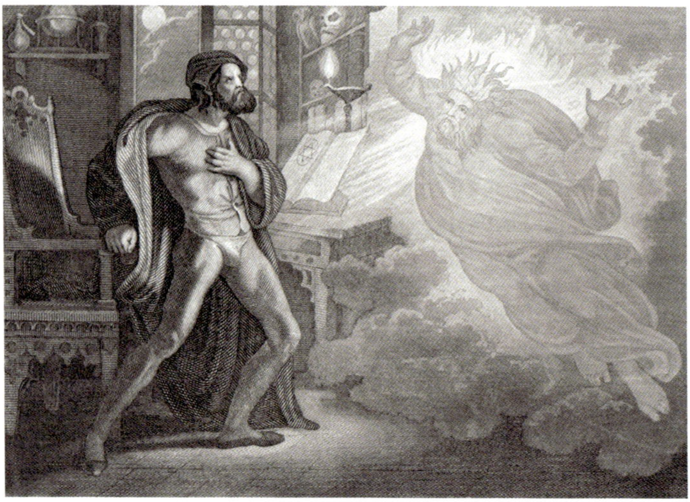

Illustration zur Goethes Tragödie „Faust“ (Stahlstich um 1865)

Seinen literarischen Durchbruch erlebt Goethe 1774 mit seinem Romandebüt **„Die Leiden des jungen Werther“**. Der Roman in Briefen trifft den Nerv der Zeit. Er handelt von der schwärmerischen Liebe Werthers, eines jungen, fantasiebegabten Mannes, zu einem reizenden, lebensklugen, aber schon vergebenen Mädchen. Eine aussichtslose Liebe also, aus der der junge Mann keinen anderen Ausweg sieht als den Freitod. Das Buch versetzt halb Europa in ein Werther-Fieber. Sogar Werthers Kleidung (blauer Frack, gelbe Weste, gelbes Lederbeinkleid) wird ein Mode-Hit.

Mit dem **„Faust“**-Stoff hat sich Goethe fast sein ganzes Leben lang befasst. Schon als Kind hat er in Frankfurt ein „Puppenspiel vom Doktor Faust“ gesehen. Eine erste Fassung seines Dramas (der „Urfaust“) wird zu Lebzeiten nicht veröffentlicht, vereinzelt entstandene Szenen werden dann 1808 unter dem Titel „Faust. Der Tragödie erster Teil“ gedruckt. Der „Tragödie zweiten Teil“ vollendet er in seinen letzten Lebenswochen. Faust ist der rastlose Sinnsucher, den der Teufel in Gestalt des Mephisto immer wieder zu irdischen Genüssen zu verleiten sucht. Sogar Verbrechen begeht Faust, wird aber am Ende doch erlöst. Eines seiner Opfer ist Gretchen; auch sie wird vor der Verdammnis gerettet. Der „Faust“ bietet einen immensen Vorrat an Zitaten für jede Gelegenheit. „Faust II“ wuchert ins Mystische hinein – die Wertschätzung ist groß, aber kaum jemand kann von sich behaupten, ihn ganz gelesen (oder gar verstanden) zu haben.

Eine große Frauenfigur hat Goethe 1779/1786 mit **„Iphigenie auf Tauris“** geschaffen. Das Drama fußt auf einer antiken Vorlage, in der alle Probleme durch das Eingreifen der Götter gelöst werden. In Goethes Fassung dagegen bewältigt die Titelfigur den zentralen Konflikt allein durch ihre Menschlichkeit. Das wurde dann selbst dem Dichter etwas unheimlich: Goethe sprach von der „verteufelt humanen“ Iphigenie. Das Stück gilt als Gipfel der deutschen klassischen Dramatik.

Der Roman **„Wilhelm Meisters Lehrjahre“** von 1796 begründet die bis heute lebendige Tradition des „Bildungsromans“ – vielen vielleicht durch Günter Grass‘ „Blechtrommel“ gegenwärtig. Er schildert die Entwicklung eines jungen Mannes, der nach zahlreichen Ereignissen und Begegnungen zum verantwortungsvollen Mitglied der Gesellschaft heranreift. 1821/1829 lässt Goethe mit „Wilhelm Meisters Wanderjahre“ noch eine Fortsetzung folgen.

Beim lyrischen Werk ganz obenan wollen wir die Gedichtsammlung **„West-östlicher Divan“** von 1814/15 stellen, in der Goethe seine Beschäftigung mit dem persischen Dichter Hafis aus dem 14. Jahrhundert und dem Islam verarbeitet. Spannend: Er hat eine Co-Autorin! Auf einer Reise in seine Heimat lernt er 1814 die Frau seines Frankfurter Brieffreundes, des Bankiers Jakob von Willemer, kennen: Marianne von Willemer. Die gelernte Schauspielerin erweist sich als kongeniale Dichterin. Erst viel später wird sich herausstellen: Zahlreiche Verse stammen von ihr. Im Zentrum steht die Liebe zwischen „Hatem“ und „Suleika“, in denen man unschwer Goethe und Marianne erkennen kann. Zwischen den beiden entflammt eine Liebe, die sich in Versen höchster Poesie niederschlägt:

Du beschämst wie Morgenröte
Jener Gipfel ernste Wand,
Und noch einmal fühlet Hatem
Frühlingshauch und Sommerbrand.

Im gesamten „Divan“ sind die Strophen durchgereimt nach dem Schema a-b-a-b. Nur hier reimt nichts auf „Röte“. Sollte man da statt „Hatem“ wohl „Goethe“ denken? Marianne gewidmet ist auch das wohl berühmteste Gedicht des „Divan“: „Ginkgo biloba“. Er hat es ihr mit einem Blatt des Baumes geschickt.

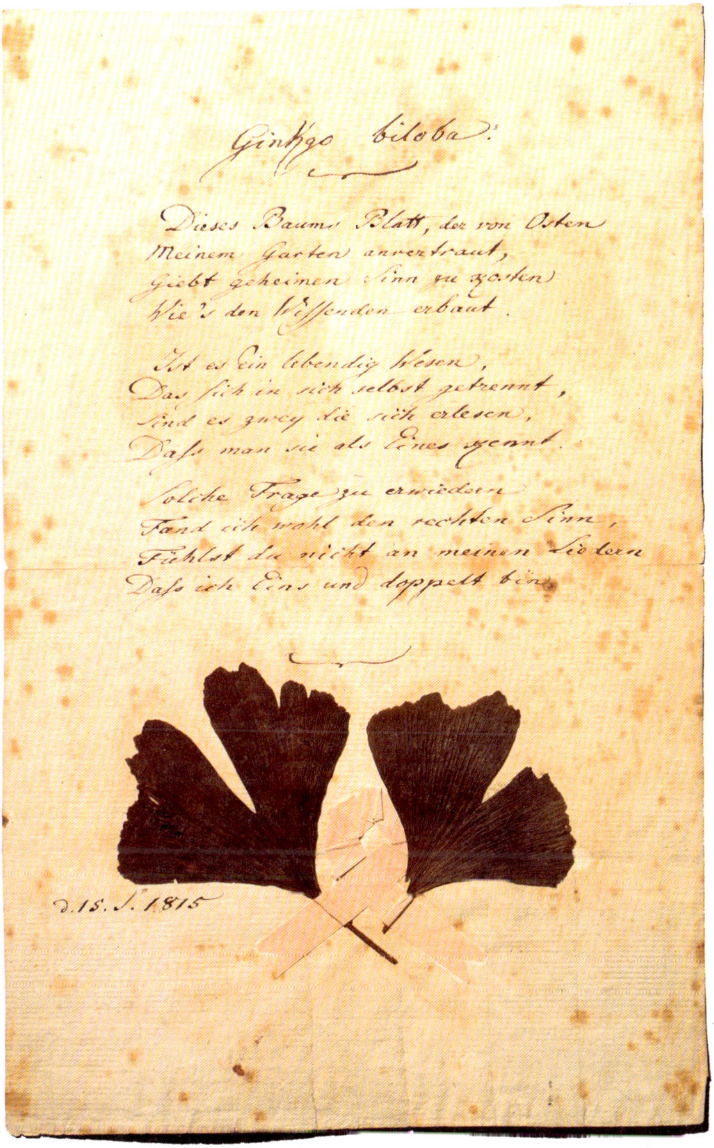

Ginkgo biloba.

Dieses Baums Blatt, der von Osten
Meinem Garten anvertraut,
Giebt geheimen Sinn zu kosten
Wie's den Wissenden erbaut.

Ist es Ein lebendig Wesen,
Das sich in sich selbst getrennt,
Sind es zwey die sich erlesen,
Daß man sie als Eines kennt.

Solche Frage zu erwiedern
Fand ich wohl den rechten Sinn,
Fühlst du nicht an meinen Liedern
Daß ich Eins und doppelt bin.

d. 15. S. 1815

Von Goethes Hand für Marianne von Willemer: das berühmte Ginkgo-Gedicht mit den herrlichen Schlusszeilen „Fühlst du nicht an meinen Liedern/Daß ich Eins und doppelt bin“

Werther: Fieber ja, Effekt nein

Ein populärer Irrtum wird 1974 durch eine Namensgebung zementiert: 200 Jahre nach Erscheinen von Goethes „Die Leiden des jungen Werther" bezeichnet ein amerikanischer Soziologe Selbstmordwellen, die durch den Tod von Prominenten ausgelöst werden, als „Werther-Effekt".

Für einen, der glaubte, der Freitod von Goethes Romanfigur habe viele Leser und besonders Leserinnen aus Ergriffenheit zur Nachahmung verleitet, war die Namensgebung zweifellos genial und avancierte auch prompt zum Fachbegriff der Sozialpsychologie. Historisch korrekt war sie deshalb aber nicht.

Keine Frage: Goethes Briefroman, in dem ein leidenschaftlicher, fantasiebegabter junger Mann sich unglücklich verliebt und schließlich umbringt, war ein epochaler Erfolg. Ganze Lesezirkel beweinten gemeinschaftlich das Schicksal des Helden; viele junge Männer kleideten sich gar wie Werther: blauer Tuchfrack, gelbe Weste, Stulpenstiefel, grauer Filzhut. Ein wahres Werther-Fieber entstand! Dass sich aber jemand tatsächlich aufgrund der Lektüre umgebracht hätte, ist nicht nachweisbar.

Wie konnte es dann aber zu dem verbreiteten Irrtum kommen? Goethe selbst hat ihn bestimmt nicht befördert; ihm war die überzogene Reaktion seiner Leserschaft bei aller Genugtuung über den Erfolg seines Werks lästig. In einem Theaterstück mit dem Titel „Triumph der Empfindsamkeit" macht er sich in Gestalt eines überspannten Prinzen mit Strohpuppe, auf der Weimarer Bühne von ihm selbst gespielt, sogar darüber lustig: Als man die Puppe aufschneidet, kullern lauter sentimentale Romane heraus, darunter auch die „Leiden des jungen Werther".

Nun ereignete sich während der Proben zu dem Stück aber ein Unglück. Eine Schauspielerin namens Christel Laßberg, 17 Jahre jung, ertränkte sich aus Liebeskummer in der Ilm. Da man in ihren Kleidern ein Exemplar des „Werther“ fand, verbreitete sich schon bald die Legende, die Unglückliche habe Werthers Schicksal nachgeahmt.

Goethe, betroffen, vermerkt in seinem Tagebuch „einige Tage in stiller Trauer“ und weist später noch mehrfach darauf hin, man solle den Roman doch bitte nicht allzu wörtlich nehmen. Vergeblich: Aus dem „Werther-Fieber“ wurde der „Werther-Effekt“.

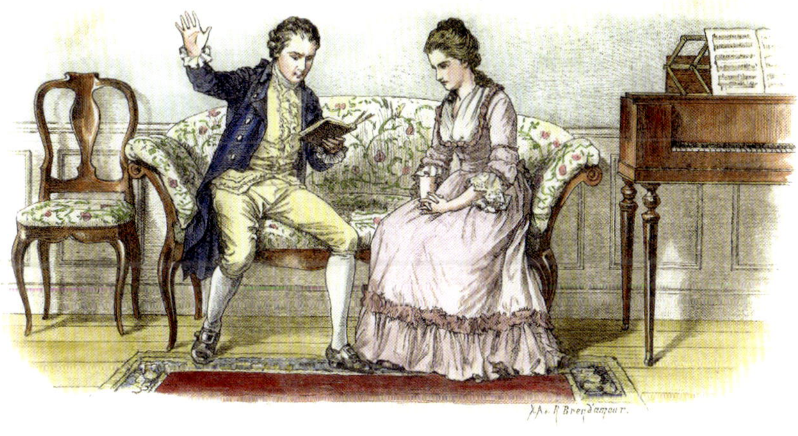

Ein Mega-Hit war Goethes Werther: Hier liest die Titelfigur des Romans der geliebten Lotte vor. (Holzstich, um 1880, spätere Kolorierung)

Die Chemie muss stimmen

Einem Chemiker soll es gelungen sein, ein Buch namens „Die Wahlverwandtschaften“ bei der Steuererklärung als „Werbungskosten“ abzusetzen. Hat der Finanzbeamte da beim Chemie-Unterricht etwa besser aufgepasst als in der Deutschstunde?

Nun, vielleicht hat er sich auch auf den Spaß eingelassen. Denn tatsächlich beschreibt der Begriff „Wahlverwandtschaft“ in der Chemie die Anziehung und Abstoßung von chemischen Verbindungen. Goethe, der sich als Naturwissenschaftler gefiel, verwendet ihn in seinem Roman „Die Wahlverwandtschaften“ von 1809 jedoch ironisch und bezieht ihn auf die wechselhaften Beziehungen zweier Paare.

Eduard und Charlotte sind ein Ehepaar, hinzu kommen der Hauptmann und Ottilie. Alle vier haben ein „ott“ im Namen: Der Hauptmann heißt Otto mit erstem, Eduard mit zweitem Namen; „verwandte“ Namen haben sie also bereits. Charlotte fühlt sich zudem zu dem Hauptmann, Eduard zu Ottilie hingezogen. Das kann nicht gut gehen. Es kommt zu einem doppelten Ehebruch, allerdings nur in den Gedanken der vier. Charlotte bringt ein „eheliches“ Kind zur Welt, das aber sowohl Ottilie als auch dem Hauptmann verblüffend ähnelt. Das Ganze endet tragisch, denn Ottilie, ob aus Unachtsamkeit oder Erregung, verschuldet den Tod des Kindes.

In Weimar wurde der Roman ungnädig aufgenommen. Nicht genug damit, dass der Geheimrat eine „nicht standesgemäße“ Ehe führte! Nun auch noch die Gleichsetzung von chemischen und gesellschaftlichen Prozessen! Goethes These, die Gesellschaft lasse keine so natürlichen Verbindungen zu wie die Chemie, war eine Frechheit!

Die wenig sinnliche Erzählweise des Romans verhinderte zwar einen größeren literarischen Erfolg und ließ spätere Kritiker gar von „Greisenprosa“ sprechen, schenkte aber allen Nicht-Chemikern für immer ein wunderbares neues Wort: Wahlverwandtschaften.

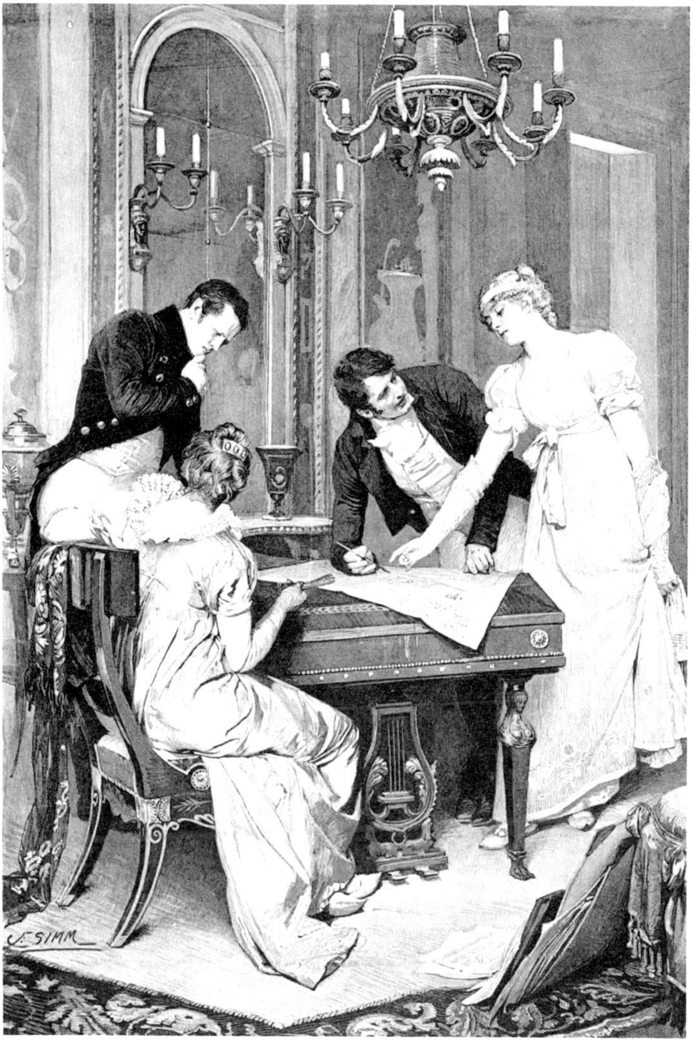

Szene aus Goethes „Wahlverwandtschaften“: Eduard, Charlotte, Ottilie und der Hauptmann besprechen den Plan des neuen Hauses. Lithographie von Franz Simm. Die Harfe gilt übrigens als Symbol der Liebe, da man sie beim Spielen umarmt und ans Herz drückt.

Hast du Töne!

Jahrzehntelang ist Goethes Weimar eine Art geistiges Zentrum Europas, das auch alle großen Musiker anzieht. Aber Goethe selbst und Musik?

Zur Erziehung eines Frankfurter Großbürgerkindes gehörte natürlich auch der Musikunterricht. So erhält der junge Johann Wolfgang Klavier-Lektionen, und er spielt wohl auch leidlich Flöte. Zeitlebens bleibt er aber jemand, der Musik lieber hört und genießt als selbst produziert. Man hat ihm, vor allem wegen seiner Missachtung Schuberts und seiner Vorliebe für volkstümliche Musik, einen schlechten Musikgeschmack unterstellt. Das liegt an seiner Einstellung zu Liedvertonungen: Für Goethe sollte die Musik das Wort begleiten, aber nicht dominieren. Darum gefallen ihm die schlichten Melodien eines Zelter.

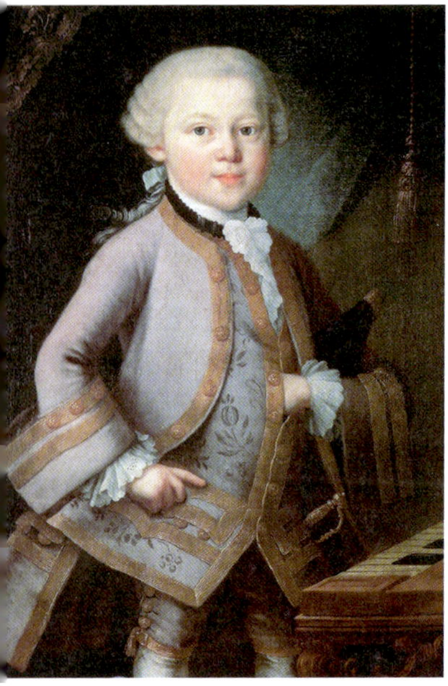

Es gibt aber Musiker, die ihn begeistern, und da ganz besonders zwei „Wunderkinder", von denen der eine ihn in seiner Jugend, der andere im Alter fasziniert. Goethe ist 14, als er in Frankfurt den siebenjährigen Wolfgang Amadeus Mozart spielen hört. Der Eindruck bleibt unauslöschlich: Noch als 80-jähriger wird Goethe sagen, eine „Erscheinung wie Mozart" sei ein Wunder, das man nur „anstaunen" könne. Als Leiter des Weimarer Hoftheaters hat er denn auch

„Zum Anstaunen": Mozart als Sechsjähriger (Gemälde von Pietro Antonio Lorenzon, 1763)

sämtliche Mozart-Opern auf die Bühne gebracht und zu einer aufwendigen Inszenierung der „Zauberflöte“ sogar selbst die Kostüme und die Bühnendekoration entworfen. Und bei seinen Hauskonzerten am Frauenplan lässt er immer wieder Werke Mozarts vorspielen.

Im Mai 1817 erhält er Besuch von dem anderen „Wunderkind“: dem damals achtjährigen Felix Mendelssohn Bartholdy, einem Schüler seines Freundes Zelter. Auch dessen Talent grenze „ans Wunderbare“, findet Goethe. Er ist richtig vernarrt in den Kleinen, erst recht, nachdem Felix ein ihm hingereichtes verschmiertes, kaum leserliches Notenblatt fehlerfrei zu spielen vermag. Goethe bittet Zelter, ihm Felix dazulassen, und aus dem kurzen Besuch werden vier Wochen.

Das verschmierte Notenblatt war übrigens von Ludwig van Beethoven. Dessen Musik schätzt Goethe zwar, kommt mit dem Mann persönlich aber nicht zurecht. Legendär ist die Begegnung der beiden im böhmischen Teplitz. Beethoven, von eher rustikaler Natur, soll sich dort an dem vertrauten Umgang Goethes mit der österreichischen Kaiserin Maria Ludovica gestört haben: Diesem Goethe behage „die Hofluft sehr“. Wenn Goethe Beethovens Musik „köstlich“ nennt, dann wohl nicht zuletzt, weil sein Liebling Felix sie so gerne spielt.

Wie in der Dichtung spielt auch in der Musik das große Thema Liebe und Leidenschaft für Goethe eine zentrale Rolle. Als die polnische Pianistin Maria Szymanowska in Weimar ein Konzert gibt, bricht er in Tränen aus: Genau dieses Konzert hat er schon in Marienbad gehört, zusammen mit Ulrike von Levetzow! Und dann macht er der Musik und ihrer heilenden Wirkung in seinem Gedicht „Aussöhnung“ ein wunderbares Kompliment:

Das Auge netzt sich, fühlt im höhern Sehnen
Den Götterwert der Töne und der Tränen.

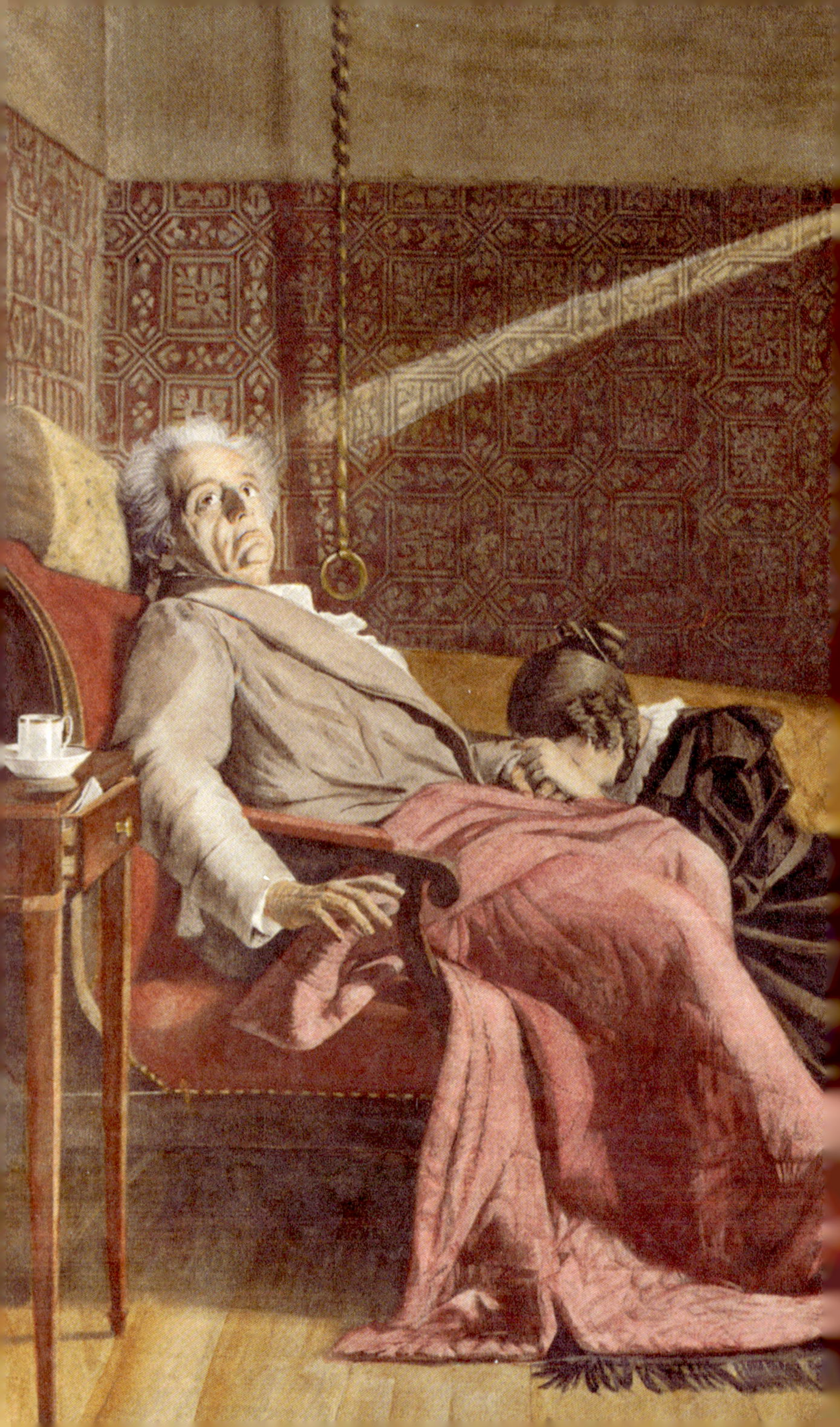

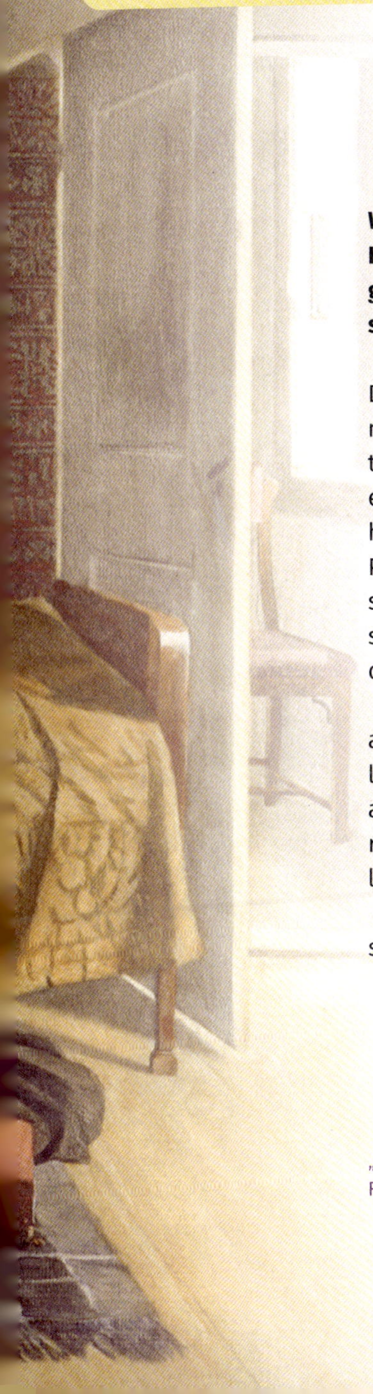

Letzte Worte

Wie Goethe zum Sterben kam, in seinem Haus am Weimarer Frauenplan, soll er gesagt haben: „Mehr Licht!" Aber entspricht das der Wahrheit?

Das ist umstritten. Fest steht nur: Heines Selbstironie im Umgang mit der Situation ging Goethe ab. Der Dichter, den er bei dessen Besuch in Weimar nicht hatte empfangen wollen, soll auf seiner Pariser „Matratzengruft" als Letztes gesagt haben: „Dieu me pardonnera; c'est son métier." (Gott wird mir verzeihen; das ist sein Job.)

Betrachtet man den Sessel im Haus am Frauenplan, in dem Goethe seine letzten Worte gesprochen hat, erscheint allerdings ein anderer letzter Satz unseres Dichters nicht unplausibel: „Mär liescht hier so schläscht."

Das ist Hessisch für „Man liegt hier so schlecht."

„Mehr Licht!", Gemälde von Fritz Fleischer, um 1900

Lotte in Weimar? Nein, in Seoul!

Hätten Sie gedacht, dass das fünfthöchste Gebäude der Welt nach einer Romangestalt Goethes benannt ist?

Der 555 Meter hohe Turm, 2017 fertiggestellt, steht in Südkoreas Hauptstadt Seoul und heißt „Lotte World Tower". Der Turm beherbergt eine Shoppingmall, Büroräume und die teuersten Apartments des Landes. Seine Glasboden-Aussichtsplattform ist die höchste der Welt. Initiator war Shin Kyuk-ho, Gründer eines Firmenimperiums rund um die Süßwarenfirma „Lotte Confectionery Co".

Was hat Shin Kyuk-ho dazu gebracht, seine Unternehmen und dann auch den Wolkenkratzer „Lotte" zu nennen? Das klingt ja so gar nicht koreanisch. Man kann ihn zwar nicht mehr fragen, denn Shin Kyuk-ho ist 2020 hochbetagt gestorben, aber er hat es der Nachwelt hinterlassen: dass er als Jugendlicher den Roman „Die Leiden des jungen Werther" gelesen und sich in Werthers Lotte verliebt hat.

Bekanntlich hat Goethe in dem Roman seine Erlebnisse aus der Zeit verarbeitet, die er zur Vorbereitung seiner Anwaltstätigkeit am Reichskammergericht in Wetzlar verbrachte. Die Lotte, in die Goethe alias Werther sich dort verliebte, war leider schon vergeben. Der Werther aus dem Roman begeht deshalb Selbstmord, während Goethe im wahren Leben weiterzog und sich sehr schnell wieder in eine andere verliebte.

Es heißt übrigens, dass jeder der vielen Tausend Angestellten des Lotte-Imperiums den Roman gelesen haben muss! So bekommt jeder Kunde, der Lotte-Süßigkeiten isst oder (nach dem deutschen Reinheitsgebot gebrautes) Lotte-Bier trinkt, auch a taste of Goethe … Lotte, 1948 in Tokio gegründet, ist natürlich auch am japanischen Markt präsent. Der Slogan dort lautet Okuchi no koibito, Rotte: „Der Liebling deines Mundes: Lotte".

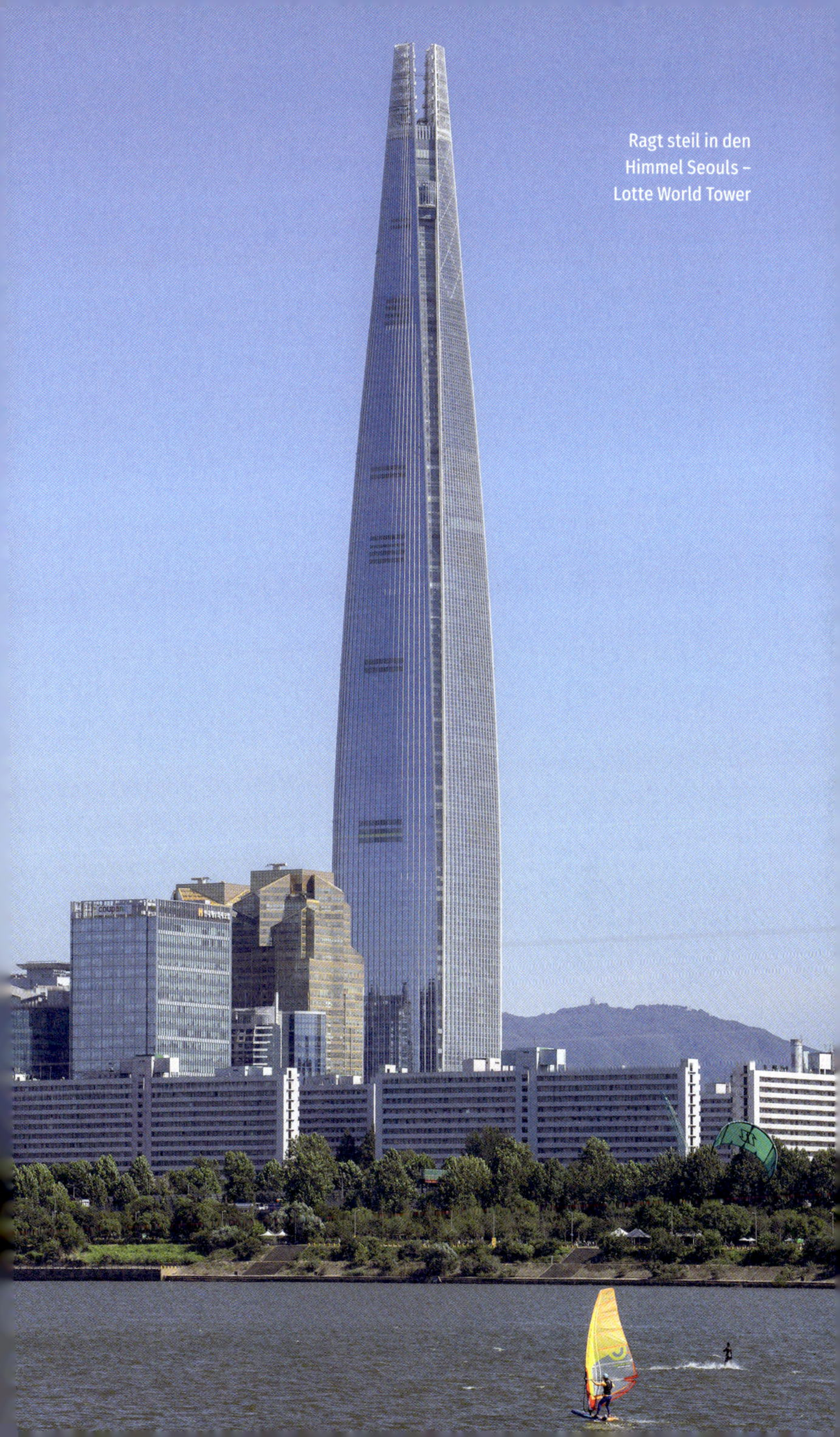

Ragt steil in den Himmel Seouls – Lotte World Tower

„Ge De“ und China

Goethe liebt Italien. Er spricht fließend Italienisch und übersetzt italienische Literatur. Auch Französisch und Englisch beherrscht er, ebenso Griechisch und Latein. Aber Chinesisch lernt er nie …

Dabei hat schon sein Vater Chinoiserien geliebt: Bilder, Tapeten, Einrichtungsgegenstände nach chinesischen Mustern. Im Frankfurter Elternhaus gab es ein sogenanntes Peking-Zimmer mit einer chinesischen Tapete. Der junge Goethe mag diese Dekorationen, aber zurück aus dem Studium in Leipzig empfindet er den „chinesischen Schnickschnack“ als geradezu abscheulich, besonders die Intarsien-Arbeiten. Auch später bleibt er skeptisch: Kunst und Architektur Chinas sind ihm zu bunt, zu grell, zu verschnörkelt. Sein Ideal ist die antike Kunst geworden. Erst im Alter findet Goethe erneutes Interesse an China.
Als er nämlich feststellt, dass sich bei Konfuzius vieles mit seinen eigenen Einsichten deckt: Vereinigung von Gegensätzen, Dauer im Wandel.

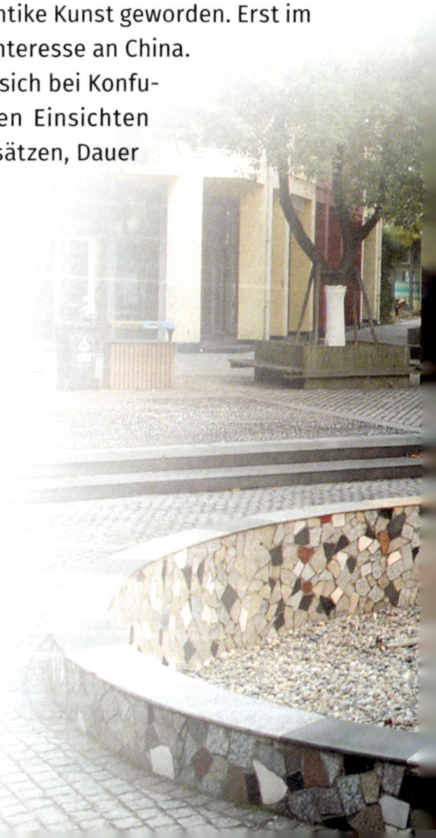

Goethe und Schiller als Bronzefiguren nach Weimarer Vorbild im Shanghaier Vorort Anting

Und wie ist es umgekehrt? Goethe in China? Zwar entstehen die ersten Übersetzungen ins Chinesische erst nach dem Ende des Ersten Weltkriegs. Doch dann steigt das Interesse sprunghaft an. Es gibt sogar einen „Werther-Boom", und bald ist Goethe der bekannteste und beliebteste ausländische Dichter in China. Heute schätzt man dort vor allem den „Faust". Als die Volksrepublik China 1999 ihren 50. Geburtstag feiert, wird Goethes 250. gleich mitgefeiert!

Die chinesische Sprache meint es ja auch gut mit „Goethe", das dort lautmalerisch „Ge De" ausgesprochen wird. Die Silbe „Ge" bedeutet sowohl „Lied" als auch „Tugend" und „De" heißt „deutsch". Wer also „Ge De" sagt, denkt immer auch „deutscher Liedersänger" oder gar „Tugendsänger" mit!

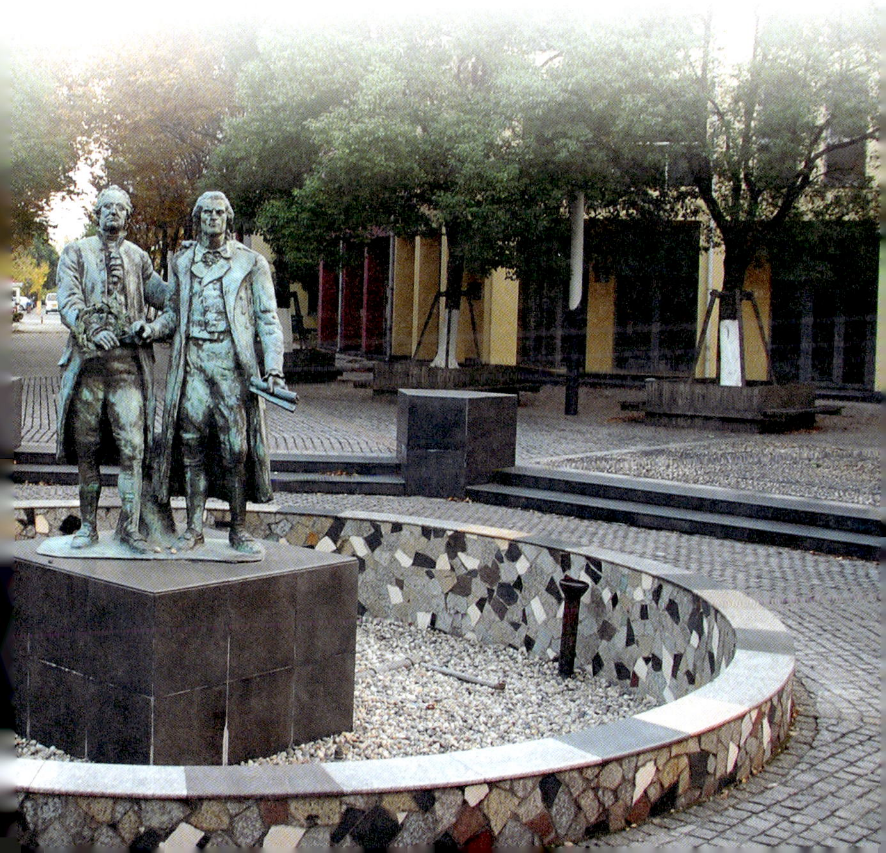

Goethe ohne Filmriss

Die Literatur über Goethe kann niemand zählen. Lebendig ist er aber überall: in der Musik, der Kunst, der Wissenschaft, im Film und in zahlreichen Alltags-Gimmicks.

Schon zu Goethes Lebzeiten und erst recht nach seinem Tod setzte ein wahrer Goethekult ein. Er wurde als „Olympier“ und „Dichterfürst“ verehrt und – unter dem Spott kritischer Geister – geradezu vergöttert. Zum Nationaldichter erhoben wurde er sogar – nach dem Motto: England hat seinen Shakespeare, Russland seinen Puschkin, wir haben unseren Goethe. Gefallen hätte das Goethe schon deshalb nicht, weil es zu seiner Zeit noch gar keinen deutschen Nationalstaat gab. Außerdem war er niemals ein „Mann des Volkes“. Mag sein, dass fast jeder einige seiner Gedichte kennt, den „Erlkönig“ vielleicht oder das „Heideröslein“ und mancher seinen „Zauberlehrling“ noch auswendig kann. Beim „Werther“ und „Faust“ sieht das schon wieder anders aus.

Für viele Schriftsteller nach ihm war Goethe eine Herausforderung, für manche auch eine Belastung. Mit Gerhart Hauptmann und Thomas Mann stritten sich sogar zwei Literaturnobelpreisträger darüber, wer wohl der größere Goethe-Nachfolger sei!

Goethes Stoffe tauchen in unzähligen Dramen, Opern, Musicals und Filmen auf, und manche von ihnen gingen in die Geschichte ein. So wie die legendäre Theaterverfilmung der Hamburger Faust I-Inszenierung von 1960 mit Gustaf Gründgens in der Rolle des Mephisto. Und natürlich provozierte die übergroße Goethe-Verehrung auch viele Parodien.

Goethe und sein Leben sind spannend bis heute: 2010 war Philipp Stölzls Spielfilm „Goethe!“ ein großer Kinoerfolg. Er erzählt das Werther-Thema neu: Lotte lässt ihren Goethe trotz aller Verliebtheit ziehen.

Nach diesem Film entstand an der Folkwang Universität der Künste in Essen 2017 ein Musical mit dem Titel „Goethe! Auf Liebe und Tod“ (Musik: Martin Lingnau), das später mit großem Erfolg bei den Bad Hersfelder Festspielen aufgeführt wurde.

Ein noch jüngerer gigantischer Kino-Erfolg war „Fack ju Göhte!“. Über Goethe erfährt man darin leider herzlich wenig; aber immerhin hat allein schon der Titel das Publikum neugierig gemacht.

Selbst in Fernsehkrimis begegnen wir Goethe. Keine Frage, dass er im Weimarer „Tatort“ immer wieder in Anspielungen oder Zitaten seiner Werke vorkommt.

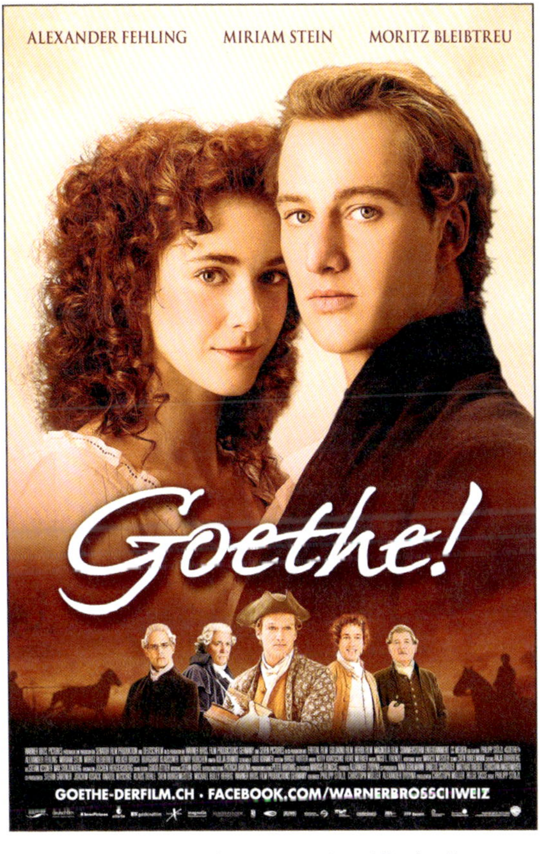

Ein junger Goethe zum Verlieben: Alexander Fehling im Film von 2010

Mit Worten töten

„Schlagt ihn tot, den Hund! Es ist ein Rezensent!“ Darf man so etwas sagen? Goethe tut es – in seinem Gedicht „Der Rezensent“. Der bekannte Literaturkritiker Marcel Reich-Ranicki (1920–2013) hielt es – erwartungsgemäß? – für das schlechteste, das Goethe je geschrieben hat.

Es geht so:

Da hatt' ich einen Kerl zu Gast,
Er war mir eben nicht zur Last;
Ich hatt' just mein gewöhnlich Essen,
Hat sich der Kerl pumpsatt gefressen;
Zum Nachtisch, was ich gespeichert hatt'.
Und kaum ist mir der Kerl so satt,
Tut ihn der Teufel zum Nachbar führen,
Über mein Essen zu räsonieren:
Die Supp' hätt' können gewürzter sein,
Der Braten brauner, firner der Wein.
Der Tausendsackerment!
Schlagt ihn tot, den Hund! Es ist ein Rezensent.

Die Zeitgenossen waren empört, besonders die Rezensenten. Aber worüber regt Goethe sich hier auf? Hat er den Kerl nicht selbst eingeladen? Der frisst sich erst satt und läuft dann zum Nachbarn, um über das Essen zu meckern. So fühlt sich ein Autor, der sich Mühe gegeben hat, etwas Vernünftiges zu produzieren, und dann hat der Konsument nichts Besseres zu tun als daran herumzumäkeln.

Wir sollten das „Totschlag-Argument“ Goethes nicht allzu wörtlich nehmen. Selbst Literaturpapst MRR findet am Ende mildernde Umstände für den Autor: Ein guter Dichter unterscheide sich von einem schlechten dadurch, dass der gute auch einmal ein schlechtes Gedicht schreiben darf. Und dass Goethe ein „guter“ ist – daran hat er keinen Zweifel. MRR hält Goethe sogar für den besten: Dürfte er nur ein einziges Buch mit auf eine einsame Insel nehmen, gestand er, – er würde Goethes Gedichte wählen.

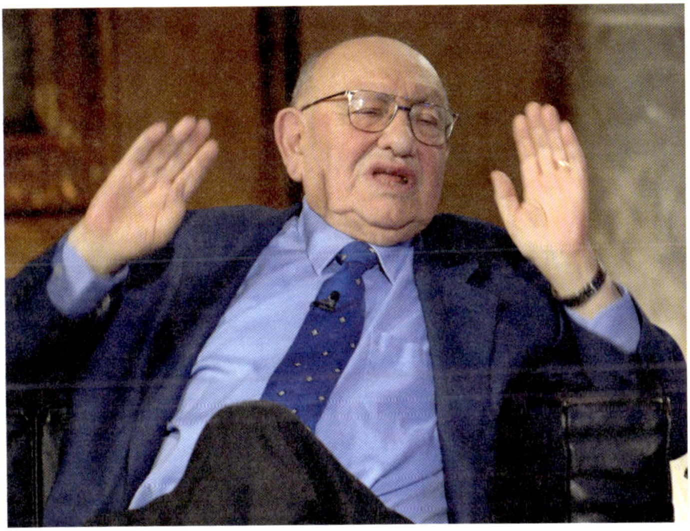

Marcel Reich-Ranicki, hier in der unvergessenen Sendung „Das literarische Quartett“, hielt Goethes Gedichte für die besten in deutscher Sprache.

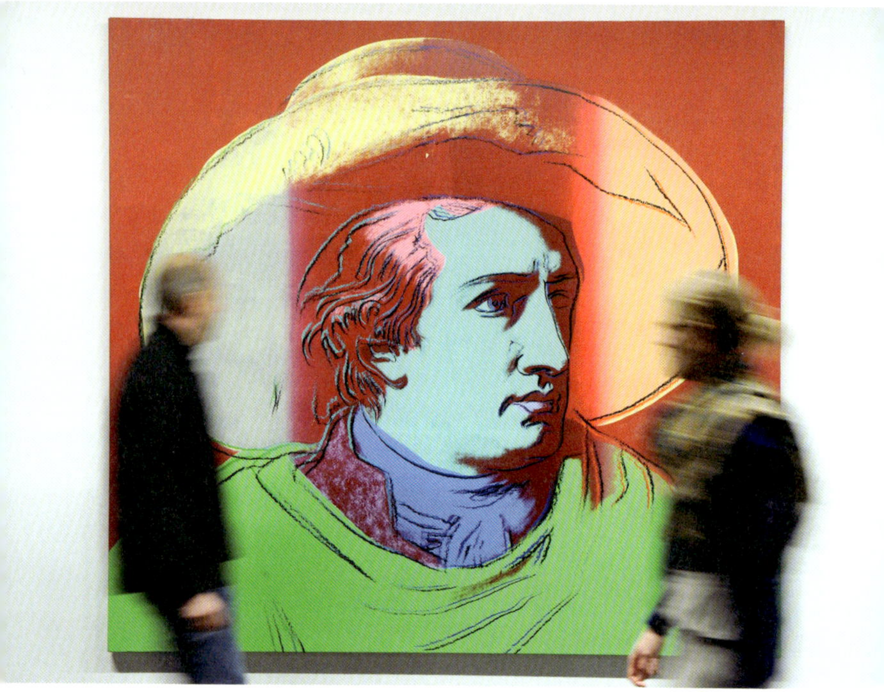

Goethe war immer ein Star – durch Andy Warhol wurde er auch zum Popstar.

Popstar Goethe

Die meisten denken beim Stichwort „Popstar“ eher an die populäre Musikszene und weniger an einen Dichter. Goethe ist trotzdem zum Popstar avanciert – wohl auch durch Andy Warhol.

In seinen bekannten Bildern hat sich der berühmte amerikanische Maler nicht nur Popgrößen wie den Beatles oder Filmstars wie Marilyn Monroe zugewandt, sondern auch Goethe. Für seine grellfarbigen Arbeiten – Pop Art eben – verfremdete der Künstler Fotografien oder Gemälde bekannter Persönlichkeiten mit Hilfe des Siebdrucks. Es war bei einem Besuch in Frankfurt, als er das bekannte Monumentalgemälde von Johann Heinrich Wilhelm Tischbein „Goethe in der Campagna“ sah und sich so angesprochen fühlte, dass er diesen Kopf mit seinem überdimensionalen Hut seiner „Art Factory“ einzuverleiben beschloss, nur ohne das ganze – Zitat – „Drumherum“.

Dabei, lieber Andy, ist dieses „Drumherum“ hochinteressant: Goethe wird von Tischbein, den er in Rom kennenlernte, in eine idealtypische Landschaft hinein gemalt. Der Dichter, zeitgemäß gewandet, blickt sinnend in die Campagna hinein, während das Relief neben ihm und die Bauwerke im Hintergrund auf die klassische Antike verweisen. Goethe also zwischen Gegenwart und Klassik!

Fast immer hat es den Nachahmern der Kopf angetan. Auf der populären Schiene gern auch mit mehr oder weniger witzigen Tierköpfen: Ob Badeente, Katze oder Hund – als Tischbein meinte, er habe das Gesicht möglichst „wahr“ gezeichnet, denn man könne „wohl keinen glücklicheren und ausdrucksvolleren Kopf sehen“, hat er sich einen Nachruhm dieser Art wohl kaum vorgestellt. Aber so ist das mit Popstars: Das Publikum möchte seine Lieblinge ganz nah haben, und sei es als Kuschelkissen.

Das Quiz für echte Goethe-Experten

1. Wo steht der nach Werthers Lotte benannte Lotte World Tower?

a) Chicago/USA
b) Melbourne/Australien
c) Seoul/Südkorea
d) London/Großbritannien

2. Wie oft war Goethe verlobt?

a) Nie
b) 1 x
c) 2 x
d) 3 x

3. Wo trafen sich Goethe und Beethoven?

a) in Teplitz
b) in Bonn
c) in Weimar
d) in Wien

4. Wie alt war Goethe, als er Ulrike von Levetzow (19) einen Heiratsantrag machte?

a) 69
b) 73
c) 77
d) 82

5. Welchen Decknamen benutzte Goethe auf seiner Italienreise?

a) Johann Philipp Möller
b) Wilhelm Alexander Kauffmann
c) Georg Friedrich Bürger
d) Gottfried von Bouillon

6. Was tat Bettine Brentano bei ihrem ersten Besuch in Weimar?

a) Sie prügelte sich mit Christiane Vulpius
b) Sie setzte sich auf Goethes Schoß und schlief ein
c) Sie sagte zu Goethe: „Ich will ein Kind von Ihnen!"
d) Sie überreichte ihm ein selbstverfasstes Gedicht

7. Welcher Liedtext aus Beethovens Liederzyklus op. 52 stammt von Goethe?

a) Die Liebe
b) La Marmotte (Das Murmeltier)
c) Das Blümchen Wunderhold
d) Das Lied von der Ruhe

8. Wer war größer: Goethe oder Schiller?

a) Goethe war 5 cm größer
b) Beide waren etwa gleich groß
c) Schiller war 7 cm größer
d) Schiller war 14 cm größer

9. Wie viele Gedichte hat Goethe geschrieben?

a) über 2000
b) ca. 1500
c) ca. 1000
d) ca. 500

10. Wessen Stücke wurden während Goethes Weimarer Intendanz am häufigsten aufgeführt?

a) die von August Wilhelm Iffland
b) Goethes eigene
c) die von Schiller
d) die von August von Kotzebue

11. Welche Schauspielerin galt als „Goethes größtes Problem am Weimarer Theater"?

a) Corona Schröter
b) Christiane Neumann
c) Caroline Jagemann
d) Friederike Bethmann-Unzelmann

12. Welchen Dramenstoff hat Goethe Schiller überlassen?

a) Don Carlos
b) Die Jungfrau von Orleans
c) Maria Stuart
d) Wilhelm Tell

13. Welchen Komponisten hat Goethe geduzt?

a) Franz Schubert
b) Robert Schumann
c) Carl Friedrich Zelter
d) Ludwig van Beethoven

14. Welches seiner Werke hielt Goethe für sein bedeutendstes?

a) Die Leiden des jungen Werther
b) Faust
c) West-östlicher Divan
d) Die Farbenlehre

Quiz-Lösungen

1. c
2. b
3. a
4. b
5. a
6. b
7. b
8. d
9. a
10. d
11. c
12. d
13. c
14. d

Zitate

„Eigentlich ein Hund, dieser Goethe!“
Gottfried Benn

„Zum Glück gibt es Beethoven, Goethe und DJ Bobo.“
Helge Schneider

„Goethe war gut, Mann, der konnte reimen!“
Rudi Carrell

„Der göttliche Name von Weimar.“
Thomas Mann

„Goethe behagt die Hofluft sehr. Mehr als einem Dichter ziemt.“
Ludwig van Beethoven

„Jeder, der Goethe zitiert, wird ein bisschen Goethe.“
Martin Walser

„Ich stelle Ihnen nun die Grätschen-Frage.“
Reporter Werner Hansch zu einem Fußballer, der in einen anderen gegrätscht war

„Wir hätten ihn zu gern persönlich kennen gelernt.“
Die Autoren dieses Buchs